《职业教育提质培优行动计划（2020—2023年）》实施指南

周建松 主编

浙江工商大学出版社
ZHEJIANG GONGSHANG UNIVERSITY PRESS
·杭州·

图书在版编目(CIP)数据

《职业教育提质培优行动计划(2020—2023年)》实施指南 / 周建松主编. — 杭州：浙江工商大学出版社，2021.8

ISBN 978-7-5178-4626-0

Ⅰ. ①职… Ⅱ. ①周… Ⅲ. ①职业教育—发展—研究—中国 Ⅳ. ①G719.2

中国版本图书馆 CIP 数据核字(2021)第 154496 号

《职业教育提质培优行动计划(2020—2023年)》实施指南

《ZHIYE JIAOYU TIZHI PEIYOU XINGDONG JIHUA(2020—2023 NIAN)》SHISHI ZHINAN

周建松 主编

责任编辑 王 琼
封面设计 林朦朦
责任印制 包建辉
出版发行 浙江工商大学出版社
(杭州市教工路198号 邮政编码310012)
(E-mail:zjgsupress@163.com)
(网址:http://www.zjgsupress.com)
电话:0571-88904980,88831806(传真)
排 版 杭州朝曦图文设计有限公司
印 刷 杭州高腾印务有限公司
开 本 710mm×1000mm 1/16
印 张 10
字 数 130千
版印次 2021年8月第1版 2021年8月第1次印刷
书 号 ISBN 978-7-5178-4626-0
定 价 46.00元

浙江工商大学出版社营销部邮购电话 0571-88904970

目 录

Contents

第一编

政策文件

教育部等九部门关于印发《职业教育提质培优行动计划(2020—2023年)》的通知

教职成〔2020〕7号

各省、自治区、直辖市教育厅(教委)、发展改革委、工业和信息化主管部门、财政厅(局)、人力资源和社会保障厅(局)、农业农村(农牧)厅(局、委)、国资委、扶贫办,新疆生产建设兵团教育局、发展改革委、工业和信息化局、财政局、人力资源和社会保障局、农业农村局、国资委、扶贫办,国家税务总局各省、自治区、直辖市、计划单列市税务局,有关单位:

现将《职业教育提质培优行动计划(2020—2023年)》印发给你们,请结合实际,加强协同配合,认真贯彻执行。

教育部　国家发展改革委　工业和信息化部

财政部　人力资源和社会保障部　农业农村部

国务院国资委　国家税务总局　国务院扶贫办

2020年9月16日

职业教育提质培优行动计划

(2020—2023年)

为贯彻落实《国家职业教育改革实施方案》(又称职教20条,以下简称《实施方案》),办好公平有质量、类型特色突出的职业教育,提质培优、增值赋能、以质图强,加快推进职业教育现代化,更好地支撑我国经济社会持续健康发展,特制定《职业教育提质培优行动计划(2020—2023年)》(以下简称《行动计划》)。

一、总体要求

(一)指导思想

以习近平新时代中国特色社会主义思想为指导,贯彻党的十九大和十九届二中、三中、四中全会精神,牢固树立新发展理念,落实高度重视、加快发展的工作方针,坚持服务高质量发展、促进高水平就业的办学方向,坚持职业教育与普通教育不同类型、同等重要的战略定位,着力夯实基础、补齐短板,着力深化改革、激发活力,加快构建纵向贯通、横向融通的中国特色现代职业教育体系,大幅提升新时代职业教育现代化水平和服务能力,为促进经济社会持续发展和提高国家竞争力提供多层次、高质量的技术技能人才支撑。

(二)主要目标

通过建设,职业教育与经济社会发展需求对接更加紧密、同人民群众期待更加契合、同我国综合国力和国际地位更加匹配,中国特色现代职业教育体系更加完备、制度更加健全、标准更加完善、条件更加充足、评价更加科学。

（1）职业教育发展制度基本健全，职业学校层次结构合理，分类考试招生成为高职学校招生的主渠道，职业教育国家“学分银行”投入运行。

（2）国务院有关部门协同配合、地方落实主责的职业教育工作机制更加顺畅，政府、行业企业、学校职责清晰、同向发力，政府统筹管理、社会多元办学格局更加稳固。

（3）职业教育与普通教育规模大体相当、相互融通，职业学校办学定位清晰，专业设置和人才供给结构不断优化，每年向社会输送数以千万计的高质量技术技能人才。

（4）国家、省、校三级职业教育标准体系逐步完善，职业学校教学条件基本达标，评价体系更具职教特色，教师、教材、教法改革全面深化。

（5）职业学校办学水平、人才培养质量和就业质量整体提升，职业教育的吸引力和社会认可度大幅提高，有效支撑地方经济社会发展和国家重大战略。

（三）基本原则

育人为本，质量为先。加强党对职业教育工作的全面领导，推进新时代职业学校思想政治工作改革创新。深化产教融合、校企合作，强化工学结合、知行合一，健全德技并修育人机制，完善多元共治的质量保证机制，推进职业教育高质量发展。

固本强基，综合改革。聚焦薄弱环节，着力补短板、强弱项，夯实职业教育发展基础。系统推进体制机制、教育教学、评价体系改革，为职业教育发展注入新动力，激发职业学校办学活力。

标准先行，试点突破。健全国家、省、校三级标准体系，完善标准落地的工作机制。以打造创新发展高地为抓手，推进关键改革，突破瓶颈制约,打造一批职业教育优质资源和品牌,带动职业教育大改革大发展。

地方主责,协同推进。构建政府、行业企业、学校协同推进职业教育高质量发展的新机制,强化省级政府统筹,加强计划执行的过程管理、检查验收和结果应用,确保各项改革措施取得实效。

二、重点任务

(一)落实立德树人根本任务

1. 推动习近平新时代中国特色社会主义思想进教材、进课堂、进头脑

以习近平新时代中国特色社会主义思想特别是习近平总书记关于职业教育的重要论述武装头脑、指导实践、推动工作。推进理想信念教育常态化、制度化,落实《新时代爱国主义教育实施纲要》和《新时代公民道德建设纲要》,加强党史、新中国史、改革开放史、社会主义发展史教育和爱国主义、集体主义、社会主义教育。将劳动教育纳入职业学校人才培养方案,设立劳动教育必修课程,统筹勤工俭学、实习实训、社会实践、志愿服务等环节系统开展劳动教育。加强职业道德、职业素养、职业行为习惯培养,职业精神、工匠精神、劳模精神等专题教育不少于16学时。加强艺术类公共基础必修课程建设,强化实践体验,促进学生全面发展。加强职业教育研究,加快构建中国特色职业教育的思想体系、话语体系、政策体系和实践体系。

2. 构建职业教育“三全育人”新格局

加强党委对学校思想政治工作的全面领导,落实全员、全过程、全方位育人,引导职业学校全面统筹各领域、各环节、各方面的育人资源和育人力量,教育引导青年学生增强爱党爱国意识,听党话、跟党走。

引导专业课教师加强课程思政建设，将思政教育全面融入人才培养方案和专业课程。构建省校两级培训体系，建立辅导员职务职级“双线”晋升通道，推动辅导员专业化、职业化发展。加强中职德育工作队伍建设，办好中职学校班主任业务能力比赛。鼓励从企业中聘请劳动模范、技术能手、大国工匠、道德楷模担任兼职德育导师，建设一支阅历丰富、有亲和力、身正为范的兼职德育工作队伍。将党建和思想政治工作评价指标全面纳入学校事业发展规划、专业质量评价、人才项目评审、教学科研成果评估等。到 2023 年，培育 200 所左右“三全育人”典型学校，培育遴选 100 个左右名班主任工作室，遴选 100 个左右德育特色案例。

3. 创新职业学校思想政治教育模式

加强中职学校思想政治、语文、历史和高职学校思想政治理论课课程建设，开足、开齐、开好必修课程，按照规定选用国家统编教材。高职学校应当根据全日制在校生总数，严格按照师生比不低于 1∶350 的比例核定专职思政课教师岗位，中职学校要加大专职思政课教师配备力度。实施职业学校党建和思政工作能力提升计划，开展德育管理人员、专职思政课教师培训。改革思政课教师考核办法，将政治素质作为教师考核第一标准。遵循职业学校学生认知规律，开发、遴选学生喜闻乐见的课程资源，因地制宜实施情景式、案例式、活动式等教法，建设学生真心喜爱、终身受益、体现职业教育特点的思政课程。持续开展职业学校“文明风采”系列活动。充分挖掘和利用地方、企业德育教育资源，鼓励引导校企共建德育实践基地。到 2023 年，培训 10000 名左右德育骨干管理人员、思政课专任教师，遴选 100 个左右思政课教师研修基地，分级培育遴选 1000 个左右思想政治课教学创新团队、10000 个左右思想政治课示范课堂、10000 个左右具有职业教育特点的课程思政教育案例。

(二)推进职业教育协调发展

1. 强化中职教育的基础性作用

把发展中职教育作为普及高中阶段教育和建设中国特色现代职业教育体系的重要基础,保持高中阶段教育职普比大体相当。系统设计中职考试招生办法,使绝大多数城乡新增劳动力接受高中阶段教育。全面核查中职学校基本办学条件,整合"空、小、散、弱"学校,优化中职学校布局。结合实际,鼓励各地将政府投入的职业教育资源统一纳入中职学校(含技工学校、县级职业教育中心等)调配使用,提高中职学校办学效益。支持集中连片特困地区每个地市原则上至少建好办好1所符合当地经济社会发展需要的中职学校。建立普通高中和中职学校合作机制,探索课程互选、学分互认、资源互通,支持有条件的普通高中举办综合高中。加大"三区三州"等深度贫困地区的普职融通力度,发挥职业教育促进义务教育"控辍保学"作用。到2023年,中职学校教学条件基本达标,遴选1000所左右优质中职学校和3000个左右优质专业、300所左右优质技工学校和300个左右优质专业。

2. 巩固专科高职教育的主体地位

把发展专科高职教育作为优化高等教育结构和培养大国工匠、能工巧匠的重要方式,输送区域发展急需的高素质技术技能人才。不限制专科高职学校招收中职毕业生的比例,适度扩大专升本招生计划,为部分有意愿的高职(专科)毕业生提供继续深造的机会。推动各地落实职业学校毕业生在落户、就业、参加机关事业单位招聘、职称评审、职级晋升等方面与普通高校毕业生享受同等待遇。扎实推进中国特色高水平高职学校和专业建设计划,加强绩效考核与评价,建成一批高技能人才培养培训基地和技术技能创新平台。探索高职专业认证。推进专科高职学校高质量发展,遴选300所左右省域高水平高职学校和

600个左右高水平专业群。

3. 稳步发展高层次职业教育

把发展本科职业教育作为完善现代职业教育体系的关键一环，培养高素质创新型技术技能人才，畅通技术技能人才成长通道。稳步推进本科层次职业教育试点，支持符合条件的中国特色高水平高职学校建设单位试办职业教育本科专业。推动具备条件的普通本科高校向应用型转变。根据产业需要和行业特点，适度扩大专业学位硕士、博士培养规模，推动各地发展以职业需求为导向、以实践能力培养为重点、以产学研用结合为途径的专业学位研究生培养模式。

（三）完善服务全民终身学习的制度体系

1. 健全服务全民终身学习的职业教育制度

推进国家资历框架建设，建立各级各类教育培训学习成果认定、积累和转换机制。加快建设职业教育国家"学分银行"，制定学时学分记录规则，引导在校学生和社会学习者建立职业教育个人学习账号，存储、积累学习成果和技能财富。支持学校按照相关规则研制具体的学习成果转换办法，按程序受理学分兑换申请，符合条件的学生可免修部分课程或模块。支持国家开放大学体系创新发展，着力提高办学质量和水平，服务全民终身学习体系建设。

2. 推动学历教育与职业培训并举并重

落实职业学校并举实施学历教育与培训的法定职责，按照育训结合、长短结合、内外结合的要求，面向在校学生和全体社会成员开展职业培训。支持职业学校承担更多培训任务，成为落实《职业技能提升行动方案（2019—2021年）》的主力军，实现优质职业学校年培训人次达到在校生规模的2倍以上。深入推进1+X证书制度试点，及时总结试点工作经验做法，提高职业技能等级证书的行业企业认可度。发挥职业教育培训评价组织在实施职业技能培训中的重要主体作用。推动更多职业学校参与1+X证书制度实施，服务学生成长和高质量就业。引导有条件的普通高校和职业学校参与企业大学建设。根据军队需要保证职业学校定向培养士官质量。支持国家开放大学办好面向军队军士的学历继续教育。依托职业院校、培训机构、农业技术推广站等机构，面向“三农”提供全产业链技术培训服务及技术支持，为脱贫致富提供持续动力。引导职业学校和龙头企业联合建设500个左右示范性职工培训基地。

3. 强化职业学校的继续教育功能

面向在职员工、现役军人、退役军人、进城务工人员、转岗人员、城镇化进程中的新市民、城乡待业人员、残疾人、农村实用人才等社会群体开展多种形式的继续教育。鼓励职业学校积极参与社区教育和老年教育，与普通高校、开放大学(广播电视大学)、独立设置成人高校、各类继续教育机构互联互通、共建共享，形成服务全民终身学习的发展合力。实施“职业教育服务终身学习质量提升行动”，遴选200个左右示范性继续教育基地、2000门左右优质继续教育网络课程，在老年教育、特殊教育、学前教育、卫生护理、文化艺术等领域，遴选500个左右社区教育示范基地和老年大学示范校。

(四)深化职业教育产教融合、校企合作

1. 深化职业教育供给侧结构性改革

建立产业人才数据平台，发布产业人才需求报告，促进职业教育和产业人才需求精准对接。研制职业教育产教对接谱系图，指导优化职业学校和专业布局，重点服务现代制造业、现代服务业和现代农业。遴选建设一批产教融合型城市，推动试点城市建设开放型、共享型、智慧型实训基地。加大对农业农村等人才急需领域的职业教育供给，建

设100所乡村振兴人才培养优质校，发挥好“国家级农村职业教育和成人教育示范县”等在服务乡村振兴战略中的重要作用。

2.深化校企合作协同育人模式改革

建好用好行业职业教育教学指导委员会，提升行业举办和指导职业教育的能力。支持职业学校根据自身特点和人才培养需要，主动与具备条件的企业在人才培养培训、技术创新、就业创业、社会服务、文化传承等方面开展合作。支持国有企业和大型民营企业举办或参与举办职业教育，将企业办学情况纳入企业社会责任报告。支持行业领军企业主导建设全国性职教集团，分领域建设服务产业高端的技术技能人才标准和培养高地。全面推行现代学徒制和企业新型学徒制，鼓励企业利用资本、技术、知识、设施、设备和管理等要素参与校企合作。培育数以万计的产教融合型企业，建立覆盖主要专业领域的教师企业实践流动站，依托国有企业、大型民企建立1000个左右示范性流动站。发挥职教集团推进企业参与职业教育办学的纽带作用，打造500个左右实体化运行的示范性职教集团(联盟)、100个左右技工教育集团(联盟)。推动建设300个左右具有辐射引领作用的高水平专业化产教融合实训基地。

3.完善校企合作激励约束机制

健全以企业为重要主导、职业学校为重要支撑、产业关键核心技术攻关为中心任务的产教融合创新机制。围绕关键核心技术，推动公共教学资源和实训资源共建共享。支持行业组织积极参与产教融合建设试点项目。对纳入产教融合型企业建设培育范围的试点企业，兴办职业教育的投资符合规定的，可按投资额的30%抵免当年应缴教育费附加和地方教育附加。充分发挥市场配置资源作用，鼓励地方开展混合所有制、股份制办学改革试点，推动各地建立健全省级产教融合型企业认证制度，落实“金融+财政+土地+信用”的组合式激励政策。

(五)健全职业教育考试招生制度

1. 健全高职分类考试招生制度

建立健全省级统筹的高职分类考试招生制度。完善高职教育招生计划分配和考试招生办法,每年春季省级教育行政部门统一组织开展以高职学校招生为主的分类考试。分类考试录取的学生不再参加普通高考。保留高职学校通过普通高考招生的渠道,保持分类考试招生为高职学校招生的主渠道。

2. 规范职业教育考试招生形式

鼓励中职毕业生通过高职分类考试报考高职学校。推动各地将技工学校纳入职业教育统一招生平台。鼓励退役军人、下岗职工、农民工和高素质农民等群体报考高职学校,可免予文化素质考试,只参加学校组织的与报考专业相关的职业适应性测试或职业技能测试。逐步取消现行的注册入学招生。规范长学制技术技能人才贯通培养,逐步取消中职本科贯通,适度扩大中职专科贯通,贯通专业以始读年龄小、培养周期长、技能要求高的专业为主。严格执行技能拔尖人才免试入学条件。

3. 完善"文化素质+职业技能"评价方式

完善高职分类考试内容和形式,推进"文化素质+职业技能"评价方式,引导不同阶段教育合理分流、协调发展,为学生接受高职教育提供多种入学方式。文化素质考试由省级教育行政部门根据《中等职业学校公共基础课课程标准》统一组织。职业技能测试分值不低于总分值的50%,考试形式以操作考试为主,须充分体现岗位技能、通用技术等内容。省级教育行政部门按照专业大类统一制定职业适应性测试标准、规定测试方式。支持有条件的省份建立中职学生学业水平测试制度。鼓励高职学校与产教融合型企业联合招生。

（六）实施职业教育治理能力提升行动

1. 健全职业教育标准体系

发挥标准在职业教育质量提升中的基础性作用。适时修订中职学校、专科高职学校设置标准，研制本科职业学校设置标准。结合职业教育特点完善学位制度。实施职业学校教师、校长专业标准，制定“双师型”教师基本要求。统筹修（制）订衔接贯通、全面覆盖的中等、专科、本科职业教育专业目录及专业设置管理办法。构建国家、省、校三级专业教学标准体系，国家面向产业急需领域和量大面广的专业，修（制）订国家标准；各地根据经济社会发展需要和有关技术规范，补充制定区域性标准；职业学校全面落实国标和省标，开发具有校本特色的更高标准。

2. 完善办学质量监管评价机制

完善政府、行业企业、学校、社会等多方参与的质量监管评价机制。完善职业学校评价制度，把职业道德、职业素养、技术技能水平、就业质量和创业能力作为衡量人才培养质量的重要内容。研究制定职业学校办学质量考核办法，省级统筹开展职业学校办学质量考核，建立技能抽查、实习报告、毕业设计抽检等随机性检查制度。完善以章程为核心的校内规则制度体系，健全职业学校内部治理结构，深入推进职业学校教学工作诊断与改进制度建设，切实发挥学校质量保证主体作用。巩固国家、省、校三级质量年报发布制度，进一步提高质量年报编制水平和公开力度。完善职业教育督导评估办法，构建国家、省、校三级职业教育督导体系。

3. 打造高素质专业化管理队伍

强化职业学校校长队伍建设，完善选拔任用机制。落实和扩大职业学校办学自主权，健全完善职称评聘、分配制度等，支持学校在限额内自主设立内设机构，按规定自主设置岗位、自主确定用人计划、自主招聘各类人才。建立国家、省、市(县)分级培训机制，组织开展职业学校校长和管理干部培训，造就一支政治过硬、品德高尚、业务精湛、治校有方的管理队伍。到2023年，集中培训5000名左右中职校长(书记)和1000名左右高职校长(书记)，各级各类培训覆盖全部职业学校管理干部。

(七)实施职业教育"三教"改革攻坚行动

1.提升教师"双师"素质

根据职业教育特点核定公办职业学校教职工编制。实施新一周期"全国职业院校教师素质提高计划"，校企共建"双师型"教师(含技工院校"一体化"教师，下同)培养培训基地和教师企业实践基地，落实五年一轮的教师全员培训制度。探索有条件的优质高职学校转型为职业技术师范类院校或开办职业技术师范专业，支持高水平工科院校分专业领域培养职业教育师资，构建"双师型"教师培养体系。改革职业学校专业教师晋升和评价机制，破除"五唯"倾向，将企业生产项目实践经历、业绩成果等纳入评价标准。完善职业学校自主聘任兼职教师的办法，实施现代产业导师特聘计划，设置一定比例的特聘岗位，畅通行业企业高层次技术技能人才从教渠道，推动企业工程技术人员、高技能人才与职业学校教师双向流动。改革完善职业学校绩效工资政策。职业学校通过校企合作、技术服务、社会培训取得的收入，可按一定比例作为绩效工资来源。各级人力资源社会保障、财政部门要充分考虑职业学校承担培训任务情况，合理核定绩效工资总量和水平。对承担任务较重的职业学校，在原总量基础上及时核增所需绩效工资总量。专业教师可按国家规定在校企合作企业兼职取酬。到2023年，专业教师中"双师型"教师占比超过50%，遴选一批国家"万人计划"教学名师、360 个国家级教师教学创新团队。

2. 加强职业教育教材建设

完善职业教育教材规划、编写、审核、选用使用、评价监管机制。加强意识形态属性较强的哲学社会科学教材建设，纳入马克思主义理论研究和建设工程重点建设，做好教材统一使用工作。对接主流生产技术，注重吸收行业发展的新知识、新技术、新工艺、新方法，校企合作开发专业课教材。建立健全三年大修订、每年小修订的教材动态更新调整机制。根据职业学校学生特点创新教材形态，推行科学严谨、深入浅出、图文并茂、形式多样的活页式、工作手册式、融媒体教材。实行教材分层规划制度，引导地方建设国家规划教材领域以外的区域特色教材，在国家和省级规划教材不能满足的情况下，鼓励职业学校编写反映自身特色的校本专业教材。编写并用好中职思想政治、语文和历史统编教材。健全教材的分类审核、抽查和退出制度。到 2023 年，遴选 10000 种左右校企双元合作开发的职业教育规划教材，国家、省两级抽查教材的比例合计不低于 50%，职业学校专业课程全部使用新近更新的教材。

3. 提升职业教育专业和课程教学质量

推动依据国家战略和区域产业发展需求、专业建设水平、就业质量等合理规划引导专业设置，建立退出机制。规范人才培养方案研制发布程序，建立职业学校人才培养方案公开制度，为行业指导、企业选择、学生学习、同行交流、社会监督提供便利。加强课堂教学日常管理，规范教学秩序。推动职业学校“课堂革命”，适应生源多样化特点，将课程教学改革推向纵深。加强实践性教学，实践性教学学时原则上占总学时数 50%以上，积极推行认知实习、跟岗实习、顶岗实习等多种实习方式，可根据专业实际集中或分阶段安排。完善以学习者为中心的专业和课程教学评价体系，强化实习实训考核评价。鼓励教师团队对接职业标准和工作过程,探索分工协作的模块化教学组织方式。建立健全国家、省、校三级教学能力比赛机制。遴选1000个左右职业教育“课堂革命”典型案例,职业教育教学成果奖评选向课堂教学改革倾斜。

(八)实施职业教育信息化2.0建设行动

1.提升职业教育信息化建设水平

落实《职业院校数字校园规范》,推动各地研制校本数据中心建设指南,指导职业学校系统设计学校信息化整体解决方案。引导职业学校提升信息化基础能力,建设高速稳定的校园网络,联通校内行政教学科研学生后勤等应用系统,统筹建设一体化智能化教学、管理与服务平台。推动信息技术和智能技术深度融入学校管理全过程,大幅提高决策和管理的精准化科学化水平。落实网络安全责任制,增强网络与信息安全管控能力。遴选300所左右职业教育信息化标杆学校。

2.推动信息技术与教育教学深度融合

主动适应科技革命和产业革命要求,以“信息技术+”升级传统专业,及时发展数字经济催生的新兴专业。鼓励职业学校利用现代信息技术推动人才培养模式改革,满足学生的多样化学习需求,大力推进“互联网+”“智能+”教育新形态,推动教育教学变革创新。探索建设政府引导、市场参与的职业教育资源共建共享机制,服务课程开发、教学设计、教学实施、教学评价。建立健全共建共享的资源认证标准和交易机制,推进国家、省、校三级专业教学资源库建设应用,进一步扩大优质资源覆盖面。遴选100个左右示范性虚拟仿真实训基地;面向公共基础课和量大面广的专业(技能)课,分级遴选5000门左右职业教育在线精品课程。引导职业学校开展信息化全员培训,提升教师和管理人员的信息化能力,以及学生利用网络信息技术和优质在线资源进行自主学习的能力。

（九）实施职业教育服务国际产能合作行动

1. 加快培养国际产能合作急需人才

加强职业学校与境外中资企业合作，支持职业学校到国（境）外办学，培育一批“鲁班工坊”，培养熟悉中华传统文化、中资企业急需的本土技术技能人才。鼓励国家开放大学建设海外学习中心，推动中国与产能合作国远程教育培训合作。统筹利用现有资源，实施“职业院校教师教学创新团队境外培训计划”，选派一大批专业带头人和骨干教师出国研修访学。鼓励引进国（境）外优质职业教育机构来华合作办学，促进国际经验的本土化、再创新。

2. 提升职业教育国际影响力

推进“中文＋职业技能”项目，助力中国职业教育走出去，提升国际影响力。引导职业学校与国（境）外优秀职业教育机构联合开展学术研究、标准研制、师生交流等合作项目，促进国内职业教育优秀成果海外推介。对接联合国教科文组织，积极承办世界职业教育大会，在“一带一路”沿线国家举办中国职业教育发展成果展，贡献职业教育的中国智慧、中国经验和中国方案，展示当代中国良好形象。

（十）实施职业教育创新发展高地建设行动

1. 整省推进职业教育提质培优

主动适应国家区域发展战略，在东、中、西部布局五个左右国家职业教育改革省域试点。按照“一地一案、分区推进”原则，在学校设置、重点项目建设等方面加大政策供给，支持试点省份探索新时代区域职业教育改革发展新模式。引导地方落实主体责任，完善地方职业教育工作部门联席会议制度，推动各部门形成工作合力，优化职业教育办学体制机制，加强治理体系和治理能力现代化建设，探索职业学校毕业生高质量就业模式等。

2. 合力打造职业教育样板城市

国家、省、市三级推动,建设十个左右国家职业教育改革市域试点。支持地市政府把握功能区定位,加强市场化资源配置,在职业教育服务城市文明、服务城市创新、服务民生需求、服务绿色发展等领域重点突破、先行示范,率先建成与城市经济和民生相适应的现代职业教育体系,开创职业教育开放办学新格局,形成一批基层首创的改革经验。

三、组织实施

(一)加强党的全面领导

把加强党的全面领导落实到职业教育提质培优工作的各方面、全过程。全面贯彻党的教育方针,落实中央教育工作领导小组各项要求,完善省(区、市)委教育工作领导小组定期研究职业教育工作制度。按照社会主义政治家、教育家的要求选好配强职业学校领导班子。职业学校要选优配强院(系)领导班子特别是党政正职,全面开展党组织"对标争先"建设计划,促进学校各级党组织组织力全面提升。全面实施教师党支部书记"双带头人"培育工程。强化党组织在职业学校的领导核心和政治核心作用,履行好管党治党主体责任,牢牢把握学校意识形态工作领导权,引导广大师生增强"四个意识"、坚定"四个自信"、做到"两个维护"。

(二)完善职业教育财政支持机制

新增教育经费要向职业教育倾斜,逐步建立与办学规模、培养成本、办学质量相适应的财政投入制度,进一步完善职业学校生均拨款制度,合理确定生均财政拨款水平。支持地方将职业教育纳入地方政府专项债券资金支持范围。鼓励社会力量兴办职业教育，健全成本分担机制，落实举办者的投入责任，拓宽经费来源渠道。各地可通过购买服务、助学贷款、奖助学金等方式对民办职业学校予以扶持。

(三)完善协同推进机制

国务院职业教育工作部际联席会议加强对《行动计划》实施工作的指导，教育部负责实施工作的统筹协调，国务院相关部门在职责分工范围内落实相应任务。完善国家职业教育指导咨询委员会工作机制，进一步提高政府科学化决策的水平。国务院相关部门建立《行动计划》执行情况检查通报制度。各地有关部门积极承接任务项目、制订工作方案、协调支持经费、加大政策供给，将《行动计划》与“十四五”事业发展同规划、同部署、同考核，确保改革发展任务落地。《行动计划》执行情况作为省级政府履行教育职责的重要内容，各地实施成效作为国家新一轮重大改革试点项目遴选的重要依据。

(四)营造良好发展氛围

加快推进修订和落实《中华人民共和国职业教育法》，鼓励地方因地制宜制定和颁布促进职业教育发展的地方性法规。办好全国职业院校技能大赛，发挥以赛促教促学的引领作用。办好职业教育活动周和世界青年技能日宣传活动，深入开展“大国工匠进校园”“劳模进校园”“优秀职校生校园分享”等活动。办好全民终身学习活动周，开展“百姓学习之星”和“终身学习品牌项目”等认定、宣传和展示活动。加强中央和地方主流媒体、新兴媒体对职业教育的宣传力度，打造一批形式多样的职业教育宣传品牌。鼓励职业学校建好、用好新型宣传平台，讲好身边的职教故事。常态化开展职业学校校园开放、企业开放日、面向中小学生的职业体验、面向社会的便民服务、职教成果展示等宣传展示及服务活动，提升职业教育的影响力和美誉度。

附　表

表1　重点任务(项目)一览表

序号	工作任务	责任部门
	落实立德树人根本任务	
1	加强职业教育研究,构建中国特色职业教育的思想体系、话语体系、政策体系和实践体系	教育部,各地有关部门
2	按照师生比不低于1∶350的比例核定专职思政课教师岗位	教育部,各地有关部门
3	培育200所左右“三全育人”典型学校,培育遴选100个左右名班主任工作室,遴选100个左右德育特色案例	教育部、人力资源和社会保障部,各地有关部门
4	培训10000名左右德育骨干管理人员、思政课专任教师,遴选100个左右思政课教师研修基地,分级培育遴选1000个左右思想政治课教学创新团队、10000个左右思想政治课示范课堂、10000个左右具有职业教育特点的课程思政教育案例	教育部、人力资源和社会保障部,各地有关部门
	推进职业教育协调发展	
5	支持集中连片特困地区每个地市原则上至少建好办好1所符合当地经济社会发展需要的中等职业学校	教育部,相关省份有关部门
6	中职学校教学条件基本达标	教育部、人力资源和社会保障部,各地有关部门
7	遴选1000所左右优质中职学校和3000个左右优质专业	教育部,各地有关部门
8	遴选300所左右优质技工学校和300个左右优质专业	人力资源和社会保障部,各地有关部门
9	推进中国特色高水平高职学校和专业建设计划	教育部、财政部,各地有关部门

续 表

序号	工作任务	责任部门
10	探索高职专业认证	教育部，各地有关部门
11	遴选300所左右省域高水平高职学校和600个左右高水平专业群	教育部，各地有关部门
12	推进本科层次职业教育试点	教育部，各地有关部门
13	推动具备条件的普通本科高校向应用型转变	教育部，各地有关部门
完善服务全民终身学习的制度体系		
14	加快建设职业教育国家“学分银行”，健全学习成果的认定、积累和转换制度，制定学时学分记录规则	教育部，各地有关部门
15	支持职业学校承担更多培训任务，实现优质职业学校年职业培训人次达到在校生规模的2倍以上	人力资源和社会保障部、教育部，各地有关部门
16	推进1+X证书制度试点	教育部、人力资源和社会保障部、有关行业部门，各地有关部门
17	引导职业学校和龙头企业联合建设500个左右示范性职工培训基地	教育部、人力资源和社会保障部，各地有关部门
18	遴选200个左右示范性继续教育基地、2000门左右优质继续教育网络课程，以及500个左右社区教育示范基地和老年大学示范校	教育部，各地有关部门
深化职业教育产教融合、校企合作		
19	建立产业人才数据平台，研制职业教育产教对接谱系图	工业和信息化部、教育部、有关行业部门，各地有关部门

续 表

序号	工作任务	责任部门
20	遴选建设一批产教融合型城市,培育数以万计的产教融合型企业	国家发展改革委、教育部,各地有关部门
21	实施国家级职成教示范县助力乡村振兴人才培养计划	教育部、人力资源和社会保障部、农业农村部、扶贫办,各地有关部门
22	依托国有企业、大型民企建立1000个左右示范性教师企业实践流动站	教育部,各地有关部门
23	打造500个左右实体化运行的示范性职教集团(联盟)	教育部、有关行业部门,各地有关部门
24	打造100个左右技工教育集团(联盟)	人力资源和社会保障部,各地有关部门
25	推动建设300个左右具有辐射引领作用的高水平专业化产教融合实训基地	国家发展改革委、工业和信息化部、教育部、人力资源和社会保障部、有关行业部门,各地有关部门
26	建设100所乡村振兴人才培养优质校	农业农村部、教育部,各地有关部门
27	建立健全省级产教融合型企业认证制度,落实"金融+财政+土地+信用"的组合式激励政策	各地有关部门
	健全职业教育考试招生制度	
28	建立健全省级统筹的职业教育考试招生制度,保持分类考试招生为高职学校招生主渠道,推进"文化素质+职业技能"的评价方式,完善多样化考试录取方式	教育部、人力资源和社会保障部,各地有关部门

续 表

序号	工作任务	责任部门
	实施职业教育治理能力提升行动	
29	适时修订中职学校、专科高职学校设置标准，研制本科职业学校设置标准	教育部
30	结合职业教育特点完善学位制度	教育部、国务院学位委员会
31	实施职业学校教师和校长专业标准，制定“双师型”教师基本要求	教育部、人力资源和社会保障部
32	修(制)订衔接贯通、全面覆盖的中等、专科、本科职业教育专业目录及专业设置管理办法	教育部、有关行业部门
33	制定职业学校办学质量考核办法；推进职业学校教学工作诊断与改进制度建设；巩固国家、省、学校三级质量年报发布制度；完善职业教育督导评估办法，构建国家、省、校三级职业教育督导体系	教育部，各地有关部门
34	集中培训5000名左右中职校长(书记)和1000名左右高职校长(书记)，各级各类培训覆盖全部职业学校管理干部	教育部、人力资源和社会保障部，各地有关部门
	实施职业教育“三教”改革攻坚行动	
35	根据职业教育特点核定公办职业学校教职工编制	各地有关部门
36	实施新一周期“全国职业院校教师素质提高计划”；完善职业学校自主聘任兼职教师办法；改革完善职业学校绩效工资政策；专业教师中“双师型”教师占比超过50%	教育部，各地有关部门
37	校企共建“双师型”教师培养培训基地和教师企业实践基地	教育部，各地有关部门
38	校企共建技工院校“一体化”教师培养培训基地和教师企业实践基地	人力资源和社会保障部，各地有关部门
39	探索有条件的优质高职学校转型为职业技术师范大学或开办职业技术师范本科专业	教育部，各地有关部门

续 表

序号	工作任务	责任部门
40	实施现代产业导师特聘岗位计划	教育部,各地有关部门
41	遴选一批国家“万人计划”教学名师	教育部,各地有关部门
42	遴选360个国家级教师教学创新团队	教育部,各地有关部门
43	遴选10000种左右校企双元合作开发的职业教育规划教材;国家、省两级抽查教材的比例合计不低于50%	教育部,各地有关部门
44	建立职业学校人才培养方案公开制度	教育部,各地有关部门
45	建立健全国家、省、校三级教学能力比赛机制	教育部,各地有关部门
46	遴选1000个左右职业教育“课堂革命”典型案例	教育部,各地有关部门
实施职业教育信息化2.0建设行动		
47	落实《职业院校数字校园规范》,研制校本数据中心建设指南,指导职业学校系统设计学校信息化整体解决方案	教育部,各地有关部门
48	建立健全共建共享的资源认证标准和交易机制,推进国家、省、校三级专业教学资源库建设应用	教育部,各地有关部门
49	遴选300所左右职业教育信息化标杆学校、100个左右示范性虚拟仿真实训基地	教育部,各地有关部门
50	面向公共基础课和量大面广的专业(技能)课,分级遴选5000门左右职业教育精品在线开放课程	教育部,各地有关部门
实施职业教育服务国际产能合作行动		
51	支持职业学校到国(境)外办学,培育一批“鲁班工坊”	教育部,各地有关部门
52	鼓励国家开放大学建设海外学习中心,推动中国与产能合作国远程教育培训合作	教育部,各地有关部门

续 表

序号	工作任务	责任部门
53	统筹利用现有资源，实施“职业院校教师教学创新团队境外培训计划”，选派一大批专业带头人和骨干教师出国研修访学	教育部，各地有关部门
54	推进“中文＋职业技能”项目	教育部，各地有关部门
实施职业教育创新发展高地建设行动		
55	在东中西布局五个左右国家职业教育改革省域试点，建设十个左右国家职业教育改革市域试点	教育部，相关省级人民政府，相关地级市人民政府
营造良好发展氛围		
56	推进《中华人民共和国职业教育法》修订和落实，完善配套法规制度；制定和颁布职业教育地方性法规	教育部，各地有关部门

部门联动　推进职业教育提质培优增值赋能

——教育部职业教育与成人教育司负责人就《职业教育提质培优行动计划(2020—2023年)》答记者问

教育部、国家发展改革委、工业和信息化部、财政部、人力资源和社会保障部、农业农村部、国务院国资委、国家税务总局、国务院扶贫办等九个国务院职业教育工作部际联席会议成员单位联合印发《职业教育提质培优行动计划(2020—2023年)》,教育部职业教育与成人教育司负责人就《行动计划》回答了记者提问。

一、请问《行动计划》出台的背景是什么?

答:党中央、国务院高度重视职业教育发展,出台《国家职业教育改革实施方案》,明确了办好新时代职业教育的施工图,职业教育大改革大发展的格局基本形成,进入爬坡过坎、提质培优的历史关键期。《行动计划》聚焦重点、疏通堵点、破解难点,将《实施方案》部署的改革任务转化为举措和行动,推动中央、地方和学校同向同行,形成因地制宜、比学赶超的工作格局,整体推进职业教育提质培优。

二、请问《行动计划》的总体思路是什么?

答:《行动计划》围绕办好公平有质量、类型特色突出的职业教育,以提质培优、增值赋能为主线,坚持问题导向、需求导向、目标导向,着力补短板、激活力、提质量。通过加快体系建设、深化体制机制改革、加强内涵建设,系统解决职业教育吸引力不强、质量不高的问题;通过构建“国家宏观管理、省级统筹保障、学校自主实施”管理机制，引导地方学校从“怎么看”转向“怎么干”，转职能、提效能，激发地方和学校改革活力。

三、请问《行动计划》部署了哪些重点任务？

答：《行动计划》规划设计了 10 项任务、27 条举措。一方面，加强顶层设计，对落实立德树人根本任务，推进职业教育协调发展，完善服务全民终身学习的制度体系，深化职业教育产教融合、校企合作，健全职业教育考试招生制度等进行部署；另一方面，聚焦关键改革，实施职业教育治理能力提升行动、“三教”改革攻坚行动、信息化 2.0 建设行动、服务国际产能合作行动、创新发展高地建设行动等五项行动。文件附表细化了 56 个重点项目，国务院职业教育工作部际联席会议各成员单位分头推进，各地自愿承接，建立绩效管理平台，建设期满国家根据建设成效进行认定。

四、请问《行动计划》在落实“立德树人”根本任务方面提出了哪些具体举措？

答：《行动计划》提出进一步创新思想政治教育模式，将社会主义核心价值观融入人才培养全过程。一是推动习近平新时代中国特色社会主义思想进教材、进课堂、进头脑，推进理想信念教育常态化、制度化，加快构建中国特色职业教育的思想体系、话语体系、政策体系和实践体系。二是落实全员、全过程、全方位育人，教育引导青年学生增强爱党爱国意识，听党话、跟党走，在职业学校遴选认定一批“三全育人”典型学校、名班主任工作室和德育特色案例。三是加强中职学校思想政治、语文、历史和高职学校思想政治理论课课程建设，开足、开齐、开好思政必修课程;加大专职思政课教师配备力度,建设一批思政课教师研修基地,开展德育骨干管理人员、思政课专任教师培训,通过遴选一批思政课教学创新团队、示范课堂和课程思政教育案例,推动职业学校思想政治教育模式创新。

五、请问《行动计划》在健全职业教育学校体系方面有哪些具体举措?

答:《行动计划》提出进一步明确各层次职业教育办学定位和发展重点,系统设计、整体推进中国特色现代职业教育体系建设。一是强化中职教育的基础性作用,保持高中阶段教育职普比大体相当,优化中职学校布局,使绝大多数城乡新增劳动力接受高中阶段教育。二是巩固专科高职教育的主体地位,优化高等教育结构,培养大国工匠、能工巧匠,输送区域发展急需的高素质技术技能人才。三是稳步发展高层次职业教育,把发展本科职业教育作为完善现代职业教育体系的关键一环,培养高素质创新型技术技能人才;根据产业需要和行业特点,发展专业学位研究生培养模式,适度扩大专业学位硕士、博士培养规模。

六、请问《行动计划》在服务全民终身学习方面设计了哪些具体举措?

答:《行动计划》提出充分发挥职业教育服务全民终身学习的重要作用,推进国家资历框架建设,建立各级各类教育培训学习成果认定、积累和转换机制,重点开展三项工作:一是健全服务全民终身学习的职业教育制度,加快建设职业教育国家“学分银行”;二是落实职业学校并举实施学历教育与培训的法定职责,支持职业学校承担更多培训任务,推动更多职业学校参与1+X证书制度实施,引导职业学校和龙头企业联合建设一批示范性职工培训基地；三是强化职业学校的继续教育功能，实施“职业教育服务终身学习质量提升行动”，遴选认定一批示范性继续教育基地、优质继续教育网络课程、社区教育示范基地和老年大学示范校。

七、请问《行动计划》在深化产教融合、校企合作方面规划了哪些重点任务？

答：《行动计划》提出巩固职业教育产教融合、校企合作的办学模式。一是建立产业人才数据平台，发布产业人才需求报告，研制职业教育产教对接谱系图，指导优化职业学校和专业布局，促进人才培养和产业需求精准对接。二是建好、用好行业职业教育教学指导委员会，全面推行现代学徒制和企业新型学徒制，建立覆盖主要专业领域的教师企业实践流动站、实体化运行的示范性职教集团（联盟）和技工教育集团（联盟），建设一批具有辐射引领作用的高水平专业化产教融合实训基地，深化校企合作协同育人。三是支持行业组织积极参与产教融合建设试点项目，鼓励地方开展混合所有制、股份制办学改革试点，推动各地建立健全省级产教融合型企业认证制度，健全以企业为重要主导、职业学校为重要支撑、产业关键核心技术攻关为中心任务的产教融合创新机制。

八、请问《行动计划》在职业教育考试招生方面将推进哪些改革？

答：《行动计划》提出深化职业教育考试招生改革，引导不同阶段教育协调发展、合理分流，为学生接受高等职业教育提供多种入学方式。一是健全省级统筹的高职分类考试招生制度，完善高职教育招生计划分配和考试招生办法，保留高职学校考试通过普通高考的渠道，保持分类考试招生为高职学校招生的主渠道。二是规范职业教育考试招生形式，推动各地将技工学校纳入职业教育统一招生平台，逐步取消现行的注册入学招生和中职本科贯通，适度扩大中职专科贯通，严格执行技能拔尖人才免试入学条件。三是完善“文化素质＋职业技能”评价方式，职业技能测试分值不低于总分值的50％，考试形式以操作考试为主，须充分体现岗位技能、通用技术等内容；支持有条件的省份建立中职学生学业水平测试制度，鼓励高职学校与产教融合型企业联合招生。

九、请问《行动计划》在提升职业教育治理能力方面提出了哪些具体措施?

答:《行动计划》提出加快推进职业教育治理体系和治理能力现代化，重点开展三项工作:一是健全职业教育标准体系，分层分类、系统衔接地构建职业教育学校标准和专业标准，结合职业教育特点完善学位制度，完善各类标准的动态更新和执行情况检查机制。二是完善办学质量监管评价机制，制定职业学校办学质量考核办法，建立技能抽查、实习报告、毕业设计抽检等随机性检查制度；深入推进职业学校教学工作诊断与改进制度建设，切实发挥学校质量保证主体作用。三是打造高素质专业化管理队伍，落实和扩大职业学校办学自主权，健全完善职称评聘、分配制度等办法，加强职业学校校长和管理干部培训，造就一支政治过硬、品德高尚、业务精湛、治校有方的管理队伍。

十、请问《行动计划》在深化职业教育“三教”改革方面有哪些具体举措?

答:《行动计划》提出系统推进职业教育“三教”改革。一是提升教师“双师”素质,实施新一周期“全国职业院校教师素质提高计划”,落实五年一轮的教师全员培训制度;改革职业学校专业教师晋升和评价机制,破除“五唯”倾向,完善职业学校自主聘任兼职教师的办法,改革完善职业学校绩效工资政策,允许专业教师按国家规定在校企合作企业兼职取酬。二是加强职业教育教材建设,实行教材分层规划制度,健全教材分类审核、抽查和退出制度,促进教材质量整体提升。三是提升职业教育专业和课程教学质量,合理规划引导专业设置,建立退出机制;建立职业学校人才培养方案公开制度,将课程教学改革推向纵深;完善以学习者为中心的专业和课程教学评价体系,强化实习实训考核评价,鼓励教师团队探索分工协作的模块化教学组织方式,有效提升职业教育课程教学质量。

关于承接《职业教育提质培优行动计划(2020—2023年)》任务(项目)的通知

教职成司函〔2020〕32号

各省、自治区、直辖市教育厅(教委),新疆生产建设兵团教育局,有关单位:

为贯彻落实《国家职业教育改革实施方案》,实施好《职业教育提质培优行动计划(2020—2023年)》,现对《行动计划》重点任务(项目)承接工作通知如下。

一、工作机制

《行动计划》由国务院职业教育工作部际联席会议指导,国务院相关部门在职责分工范围内落实相应任务。各地有关部门要积极承接任务项目、制订工作方案、协调支持经费、加大政策供给,并将《行动计划》与“十四五”事业发展同规划、同部署、同考核,确保改革发展任务落地。教育部负责《行动计划》实施工作的统筹协调,以及“重点任务(项目)一览表”中教育部牵头任务的具体组织。《行动计划》执行情况作为省级政府履行教育职责的重要内容,各地实施成效作为国家新一轮重大改革试点项目遴选的重要依据。

二、组织实施

(1)各地教育行政部门通过“职业教育提质培优行动计划(2020—2023年)管理平台”(简称“管理平台”,登录地址:tizhipeiyou.36ve.com),积极组织学校申报,并结合工作实际确定本省(市、区)拟承接的任务(项目)数量、实施单位和支持经费。

(2)各地教育行政部门须通过“管理平台”打印《职业教育提质培优行动计划(2020—2023年)任务(项目)承接意向表》,于2020年11月16日前以厅函形式报送教育部职业教育与成人教育司,同时将承接情况报告省级教育工作领导小组。

(3)教育部根据各地承接意向汇总备案,并向社会公布。各地根据备案结果开展相关工作。2021年起,教育部每年年底采集一次执行绩效;2024年初,对有关项目进行遴选认定。

通信地址:北京西单大木仓胡同35号(邮编:100816)教育部职业教育与成人教育司综合改革处

联系人:唐振华　孙辉　任占营

电话/传真:010-66096232

电子邮箱:sfgz@moe.edu.cn

教育部职业教育与成人教育司

2020年10月13日

关于公布《职业教育提质培优行动计划(2020—2023年)》任务(项目)承接情况的通知

教职成司函〔2021〕1号

各省、自治区、直辖市教育厅(教委),新疆生产建设兵团教育局,有关单位:

根据《关于承接〈职业教育提质培优行动计划(2020—2023年)〉任务(项目)的通知》(教职成司函〔2020〕32号)要求,各省级教育行政部门积极组织申报,确定了本地拟承接的任务(项目)数量、承接单位和支持经费。现将各地承接情况予以公布,详见附件1、附件2。建设期内,各地承接的任务(项目)原则上不做调整,确需调整的须由省级教育行政部门函报我司备案。

2021年起,各地须在每年12月31日前,按照有关要求在"职业教育提质培优行动计划任务(项目)管理平台"填报年度工作进展及相关绩效数据。我部对各地执行情况开展评价,适时发布绩效评价报告,并作为考核省级政府履行教育职责和遴选国家新一轮重大改革试点项目的重要参考。2024年初,我部将根据各地建设成效,对任务(项目)开展综合评价,并对有关项目进行认定。

请各地将《职业教育提质培优行动计划(2020—2023年)》与"十四五"事业发展同规划、同部署、同考核,加强省级统筹,加大政策和资金保障,指导各承接单位积极开展建设工作,确保承接任务(项目)落地见效。

附件:1. 分省承接任务(项目)数量汇总表(略)

2. 分任务(项目)承接省份一览表(略)

教育部职业教育与成人教育司

2021年1月5日

关于提质培优行动计划任务承接的咨询

问题:未承接的提质培优任务,可否于每年底申请执行绩效采集?可否于2024年申请遴选认定?

教育部职业教育与成人教育司答复:

1.“未承接的提质培优任务”不能于每年底申请执行绩效采集。2021年1月5日教育部印发《关于公布〈职业教育提质培优行动计划(2020—2023年)〉任务(项目)承接情况的通知》(教职成司函〔2021〕1号),经各省级教育行政部门积极组织申报,确定了各省(区、市)和新疆生产建设兵团拟承接的任务(项目)数量、承接单位和支持经费。该通知明确提出“2021年起,各地须在每年12月31日前,按照有关要求在‘职业教育提质培优行动计划任务(项目)管理平台’填报年度工作进展及相关绩效数据”。“年度工作进展及相关绩效数据”所指任务(项目),是指该通知中已公布的各地各院校承接的任务(项目)。因此,“未承接的提质培优任务”不能于每年底申请执行绩效采集。

2.“未承接的提质培优任务”不能于2024年申请遴选认定。该通知明确提出“2024年初,我部将根据各地建设成效,对任务(项目)开展综合评价,并对有关项目进行认定”。“各地建设成效”,一方面是指由各地各院校每年底通过“职业教育提质培优行动计划任务(项目)管理平台”填报的绩效数据,另一方面是指由各地各院校每年底根据绩效数据撰写提交的自评报告。根据工作安排,2024年初,教育部将组织对各地承接的任务(项目)总体绩效进行综合评价,并以此为依据对有关项目进行遴选认定。因此,“未承接的提质培优任务”不能于2024年申请遴选认定。

(本文来源于2021年3月22日中华人民共和国教育部官网)

第二编

上级导学

建设高质量教育体系

教育部部长　陈宝生

教育是事关国家发展和民族未来的千秋基业。党的十九届五中全会通过的《中共中央关于制定国民经济和社会发展第十四个五年规划和二〇三五年远景目标的建议》(以下简称《建议》),明确了"建设高质量教育体系"的政策导向和重点要求。我们要全面准确领会全会精神,认真贯彻落实到位。

一、准确把握"十四五"时期教育改革发展的宏观形势

《建议》指出:"'十四五'时期是我国全面建成小康社会、实现第一个百年奋斗目标之后,乘势而上开启全面建设社会主义现代化国家新

征程、向第二个百年奋斗目标进军的第一个五年。”准确把握“十四五”时期教育改革发展宏观形势，深刻认识我国进入高质量发展阶段的新特征、新要求，对谋划建设高质量教育体系至关重要。

“十三五”时期教育改革发展取得新的显著成就。以习近平同志为核心的党中央把教育作为国之大计、党之大计，加强党对教育工作的全面领导，召开全国教育大会，对教育现代化和教育强国做出重大战略部署，统筹教育领域综合改革和教育治理现代化，教育面貌正在发生格局性变化。2019年，全国学前三年毛入园率83.4%、小学学龄人口入学率99.94%，初中、高中、高等教育阶段的毛入学率分别为102.6%、89.5%和51.6%。高等教育进入普及化阶段，特殊教育不断加强，继续教育多样化推进。新增劳动力平均受教育年限超过13.7年，“十三五”规划目标将顺利完成，教育普及水平稳居世界中上收入国家行列。在全面建成小康社会决胜阶段，教育事业为社会主义现代化建设开发了人力资源，为增强综合国力和国际竞争力贡献了积极力量，为国民素质逐渐提高提供了重要支持，为如期实现脱贫攻坚做出了有力支撑，人民群众对教育的获得感和满意度持续提升。

“十四五”时期教育改革发展面临着许多新的机遇和挑战。《建议》指出，“当前和今后一个时期，我国发展仍处于重要战略机遇期，但机遇和挑战都有新的发展变化”，并就“当今世界正经历百年未有之大变局”“我国已转向高质量发展阶段”等世情国情做出重要判断。在复杂多变的发展环境中，我国教育制度优势明显，人才资源基础较好，随着经济社会发展和人民生活水平提高，教育需求呈现多层次多样化态势，新一代信息技术以及多方社会资源可望支持以学习者为中心的教育新生态，这都是建设高质量教育体系的有利条件。同时，我国区域教育资源配置不够均衡，城乡教育差距亟待缩小，人才培养模式改革需要提速，教育创新与服务潜力尚未更好释放，同人民群众对高质量教育体系的需求相比还有很大差距。我们要深入贯彻党中央关于“十四五”时期教育改革发展的决策部署,抓住机遇,应对挑战,全力以赴,攻坚克难。

二、深刻认识"十四五"时期建设高质量教育体系的重要意义

党的十八大以来,习近平总书记对提高教育质量多次做出重要论述、提出明确要求,党和国家制定实施了一系列相关政策措施,为"十四五"时期在新的起点上建设高质量教育体系打下了基础。

建设高质量教育体系是坚持以人民为中心的必然要求。坚持以人民为中心,是我们党的根本宗旨所决定的,是《建议》中关于"十四五"时期经济社会发展必须遵循的原则之一,彰显了中国特色社会主义制度的显著优势。习近平总书记将坚持以人民为中心发展教育作为对我国教育事业规律性认识的深化,强调要始终坚持并不断丰富发展。《建议》要求建设高质量教育体系,就是坚持以人民为中心发展教育事业,使教育事业为提高人民思想道德素质、科学文化素质和身心健康素质提供可靠保证,切实做到发展为了人民,发展依靠人民,发展成果由人民共享,不断满足人民日益增长的美好生活需要。

建设高质量教育体系是构建新发展格局的基础环节。随着外部环境和我国发展所具有的要素禀赋的变化,《建议》要求,"十四五"时期将加快构建以国内大循环为主体、国内国际双循环相互促进的新发展格局,这对建设高质量教育体系提出了多方位需求。今后,在畅通国内大循环、打造开放的国内国际双循环的各个环节,在促消费惠民生、调结构增后劲的多个领域,都需要教育体系源源不断输送高质量的人力资源,坚持不懈提供高质量的研究开发支持;都需要教育体系更好参与城乡发展服务消费、改善人民生活品质,在以高质量供给适应引领和创造新需求方面,进行新的探索实践,进一步发挥高质量教育体系

在国计民生中的基础性、先导性、全局性作用。

建设高质量教育体系是锚定2035年远景目标的关键举措。根据习近平总书记关于教育的系列重要论述和党的十九大的教育战略部署，党中央、国务院印发《中国教育现代化2035》，提出“到2035年，总体实现教育现代化，迈入教育强国行列，推动我国成为学习大国、人力资源强国和人才强国，为到21世纪中叶建成富强民主文明和谐美丽的社会主义现代化强国奠定坚实基础”，为教育规划定下基调。《建议》在确定到2035年基本实现社会主义现代化远景目标时，要求届时建成教育强国。我们要锚定2035年总体实现教育现代化、建成教育强国的目标，通过三个五年规划，把15年的阶段战略安排细化为压茬推进的政策行动，积小成为大成。“十四五”期间重点放在建设高质量教育体系上，这对实现“全民受教育程度不断提升”的目标，将是带有全局性的关键举措。

三、扎实贯彻党中央关于建设高质量教育体系的重要决策

建设高质量教育体系，充分体现了以习近平同志为核心的党中央对“十四五”乃至一个更长时期完善中国特色社会主义教育体系的最新要求，总体上看，《建议》确定了以下四个方面重点。

建设高质量教育体系必须坚持党对教育工作的全面领导。“党政军民学，东西南北中，党是领导一切的。”党的十八大以来，以习近平同志为核心的党中央高度重视党对教育工作的全面领导，在党的全国代表大会报告和中央全会文件中，对教育改革发展和教育系统党的建设不断提出重要要求，从成立中央全面深化改革领导小组（委员会）到组建中央教育工作领导小组，确保党在教育工作方面始终总揽全局、协调各方。《建议》要求建设高质量教育体系，首要标准是教育系统必须增强“四个意识”、坚定“四个自信”、做到“两个维护”，要在建设高质量

教育体系过程中,深入贯彻习近平总书记关于坚守为党育人、为国育才的总体要求,全面贯彻党的教育方针,坚持马克思主义指导地位,坚持中国特色社会主义教育发展道路,坚持社会主义办学方向,在实践中增强教育系统各级党组织政治功能和组织力,确保党中央决策部署有效落地落实。

建设高质量教育体系要健全学校家庭社会协同育人机制。《建议》在强调"全面贯彻党的教育方针,坚持立德树人,加强师德师风建设,培养德智体美劳全面发展的社会主义建设者和接班人"的基础上,明确要求"健全学校家庭社会协同育人机制,提升教师教书育人能力素质,增强学生文明素养、社会责任意识、实践本领,重视青少年身体素质和心理健康教育",这是深入贯彻习近平总书记关于"办好教育事业,家庭、学校、政府、社会都有责任""全社会要担负起青少年成长成才的责任"等系列重要论述精神的集中体现。《建议》部署"十四五"时期建设高质量教育体系,对新发展阶段立德树人的基本要求又做出新的阐释和布局。衡量高质量教育体系,很大程度上要看数以千万计教师、数以亿计学生的素质能否不断提升和增强。今后,多方位提高师生素质,重点将落在健全学校家庭社会协同育人机制层面,从德智体美劳"五育并举",到全员、全程、全方位"三全育人",因地因校制宜,发展素质教育,形成有效的实践模式,努力汇聚起教育系统和社会各方的更大合力。

建设高质量教育体系要在深化改革促进公平上迈开新步。《建议》以"坚持教育公益性原则,深化教育改革,促进教育公平"为导向,布置一套政策"组合拳"。一是夯实高质量教育体系根基,重点是"推动义务教育均衡发展和城乡一体化,完善普惠性学前教育和特殊教育、专门教育保障机制,鼓励高中阶段学校多样化发展""提高民族地区教育质量和水平,加大国家通用语言文字推广力度",加快健全"幼有所育、学有所教"等方面国家基本公共服务制度体系,努力让青少年儿童都能享有公平而有质量的教育，为其谋生发展打好基础。二是面向构建新发展格局，强调“加大人力资本投入，增强职业技术教育适应性，深化职普融通、产教融合、校企合作，探索中国特色学徒制，大力培养技术技能人才”，为学习者多种方式就业创业助力，有效提升劳动者技能和收入水平，适应提升我国产业链供应链现代化水平的迫切需要。三是着眼可持续发展全局，明确“提高高等教育质量，分类建设一流大学和一流学科，加快培养理工农医类专业紧缺人才”的主攻方向，要求“加强创新型、应用型、技能型人才培养”；“支持发展高水平研究型大学，加强基础研究人才培养”，重申“推进产学研深度融合”，为增强综合国力、增进民生福祉注入新的动力活力。四是立足基本国情，重申“支持和规范民办教育发展，规范校外培训机构”，在增加公共教育服务供给的同时，更好发挥各方积极性，创新教育服务业态，推进教育治理方式变革。

建设高质量教育体系要对标服务全民的终身学习体系。按照以习近平同志为核心的党中央的重大部署，《建议》强调“发挥在线教育优势，完善终身学习体系，建设学习型社会”，充分体现了建设学习型社会的顶层设计意图，构建方式更加灵活、资源更加丰富、学习更加便捷的终身学习体系，而发挥在线教育优势，我国积累了成功的实践经验。近年来，我国网络本专科注册和毕业人数均居世界第一，在线教育和培训已经形成多样化格局。2020 年新冠肺炎疫情突发后开展大规模在线教育，2 月到 5 月，国家中小学网络云平台 20 多亿人次浏览，全国 1775 万大学生参与在线课程，共计 23 亿人次。这是全球最大规模的在线教育实验，不仅有效应对了疫情冲击、保障了师生健康和生命安全，而且探索创新了教学模式。“十四五”时期建设高质量教育体系，必将沿着“实现人人皆学、处处能学、时时可学”方向，我国终身学习体系和学习型社会的建设可望开辟新的境界。

（本文发表于《光明日报》2020 年 11 月 10 日第 13 版）

提质培优 增值赋能
职业教育从“大有可为”到“大有作为”

教育部职业教育与成人教育司司长 陈子季

2019年8月20日，习近平总书记在甘肃考察山丹培黎学校时，从“实体经济是我国经济的重要支撑，做强实体经济需要大量技能型人才，需要大力弘扬工匠精神”的战略高度，做出了“发展职业教育前景广阔、大有可为”的重大论断。可以说，以习近平同志为核心的党中央对职业教育重视的程度之高前所未有，推动职业教育改革发展的力度之大前所未有，我国职业教育迎来了新的重大发展机遇。

为了更好地把习近平总书记对职业教育“大有可为”的殷切期盼转化为“大有作为”的生动实践，推动我国职业教育实现提质培优、增值赋能，加快由数量普及阶段转向内涵发展阶段，教育部等九部门日前印发《职业教育提质培优行动计划(2020—2023年)》。落实好这个《行动计划》，需要国务院有关部门协同配合，也需要社会各界广泛支持，更需要职业教育战线凝心聚力、奋进实干。

一、巩固职业教育的中国特色和类型定位

要深入学习领会习近平总书记关于职业教育的重要论述，把握职业教育发展的根本遵循，坚定方向、走对路子。党的十八大以来，习近平总书记深刻阐明了我国职业教育的战略地位、类型定位、根本任务、办学方向、办学格局、育人机制、价值追求、舆论导向等一系列重大理论和现实问题。深入学习领会习近平总书记相关重要论述须把握两个重点：一方面，结合新形势、新任务充分认识发展职业教育的战略意义，

全面贯彻高度重视、加快发展职业教育的工作方针,不断解放思想、转变观念,大力弘扬劳动光荣、技能宝贵、创造伟大的时代风尚,加快建设国家尊重技能、社会崇尚技能、人人享有技能的技能型社会;另一方面,坚持中国特色社会主义教育发展道路,牢牢把握服务发展、促进就业的办学方向,以立德为根本、以树人为核心,健全德技并修、工学结合的育人机制,为“人人皆可成才、人人尽展其才”创造条件,让每个人都有人生出彩的机会。

要深入学习贯彻党中央、国务院关于职业教育的谋划部署,把握职业教育发展的基本规律,正本清源、守正创新。“职业教育与普通教育是两种不同教育类型,具有同等重要地位”,这是党中央、国务院对职业教育功能与地位的全新判断,也是职业教育“下一盘大棋、打一场翻身仗”的逻辑起点。对于这一类型定位,关键是要把握住两个要点:一是正本清源,也就是要充分认识职业教育是一种面向人人的终身教育、面向市场的就业教育、面向能力的实践教育、面向社会的跨界教育,真正按照职业教育的规律去办职业教育;二是守正创新,也就是要牢记应该坚持和巩固什么,探究应该完善和发展什么,同时在谋划“十四五”时期职业教育发展时处理好“五个关系”,坚持以普职关系定模式、产教关系定供求、校企关系定机制、师生关系定方法、中外关系定特色。

二、完善“双轨双通”的现代职业教育体系

独立的教育体系是类型教育的基础特征,也是彰显职业教育中国特色和现代化水平的显著标志。值得注意的是,我国职业教育体系建设的提法由来已久。1985 年出台的《中共中央关于教育体制改革的决定》明确提出,要“逐步建立起一个从初级到高级、行业配套、结构合理又能与普通教育相互沟通的职业技术教育体系”。随后,分别于 1986 年、1991 年、1996 年、2002 年、2004 年、2005 年、2014 年召开的 7 次全

国职业教育工作会议,均对职业教育体系建设做出专门规划和设计。党的十九大报告则提出,"完善职业教育和培训体系";《实施方案》进一步明确,"完善学历教育与培训并重的现代职业教育体系"。由此可见,国家始终高度重视职业教育体系建设,但如何建立健全中国特色现代职业教育体系长期处于"点题"到"破题"的进程中。

在新的时代背景下,如何"破题"已有了新的思路。教育部部长陈宝生提出,要建立健全以职业教育和普通教育"双轨"运行为标志,以纵向贯通、横向融通为核心,同经济社会发展和深化教育改革相适应的新时代中国特色职业教育体系。其核心内涵概括起来如下:结构决定功能、体系决定特色、服务决定品质。

所谓"结构决定功能",就是要处理好普通教育和职业教育的关系,继续保持高中阶段职普比大体相当,并科学确定高等教育阶段的职普比例。所谓"体系决定特色",就是要在贯通上保持自己的类型特点,不断强化中职教育的基础地位、提高高职教育的发展质量,推动各层次职业教育的专业设置、培养目标、课程体系、培养过程贯通衔接。所谓"服务决定品质",就是要促进职业教育的横向融通,发挥职业教育在服务构建全民终身学习体系中的独特功能和价值。

三、全面推进职业教育提质培优

质量是职业教育的生命线。2020年1月,孙春兰副总理在国家开放大学调研时提出,要实施职业教育提质培优三年行动计划,切实提升职业教育质量。陈宝生部长也多次强调,要把职业教育改革发展的工作重心转到提高质量上来。《行动计划》既是对《实施方案》部署的改革任务进行再分解、再落实,又突出了提质培优、增值赋能这条主线,绘制了未来三年职业教育质量革命的"作战图"。

"挂图作战"要把握好"提质"和"培优"这两个关键词。所谓"提质”，就是要围绕思想政治教育、“三教”改革、产教融合与校企合作、治理能力提升等重点难点进行攻坚，提高职业教育内涵质量。所谓“培优”，就是要建设一批高水平的职业学校、专业、实训基地、教学团队，打造职业教育品牌。把这两者归结起来，就是要通过职业教育的高质量发展给产业增值，为学校、教师、学生赋能。

要实现这个目标，首先必须坚持问题导向，加快体系建设、深化体制改革、加强内涵建设，下决心解决自身质量不高、吸引力不强等长期制约职业教育发展的问题。其次必须抓好改革落地，进一步释放《实施方案》政策红利，从“怎么看”转向“怎么干”，把已有的政策突破用好、用足，把正在推进的改革任务落实落地，向改革“最后一公里”要效益。再次必须强化管理创新，通过构建国家宏观管理、省级统筹保障、学校自主实施的推进机制，让国家有关部门、地方、学校各司其职，通过自主承接、任务驱动、契约管理，激发地方和学校改革活力，协同推进职业教育改革发展。

四、推动职业教育更高质量发展

职业教育与经济社会发展联系最紧密、最直接。随着“十四五”时期的临近，如何超前谋划、科学设计，对确保职业教育开好局、起好步十分关键。一方面，要紧扣时代经济社会发展脉搏，着眼于顺应新的发展阶段、完善新的发展理念、形成新的发展格局、增强新的发展动能，坚持把高质量供给作为发展重心，助力中国速度向中国质量转变、制造大国向制造强国跨越，使职业教育成为促进经济高质量发展所需要的教育；另一方面，要把“办好公平而有质量的教育”作为我们始终不渝的奋斗目标，千方百计为全社会提供个性化、多元化、终身化的高质量职业教育与培训，确保让人民群众在成长和职业生涯发展的不同阶段都有机会获得必要的技术技能，整体提升技术技能人才获得感、幸福感和荣誉感。

为此，我们应努力实现“五个更”：一是更优制度，形成按照类型教育特点办学的制度和标准体系，为学生多元成才搭建更多成长平台；二是更全体系，建立从中职到专业学位研究生、从学历教育到职业培训的纵向贯通、横向融通的现代职业教育体系；三是更高质量，更好地促进充分就业、扩大中等收入群体，服务国家经济社会发展；四是更有活力，进一步激发行业企业参与职业教育的内生动力，推动职业学校和行业企业形成命运共同体；五是更加开放，继续深化同各国职业教育的交流与合作，为推动构建人类命运共同体做出新的贡献。

(本文发表于《中国教育报》2020 年 10 月 13 日第 9 版)

努力办好公平有质量的职业教育

教育部职业教育与成人教育司副司长 谢 俐

《职业教育提质培优行动计划(2020—2023年)》从职业教育"下好一盘大棋"出发,围绕办好公平有质量、类型特色突出的职业教育,以提质培优、增值赋能为主线,提出10项任务、27条举措,系统设计了未来三年职业教育改革发展的"作战图"。通过国家宏观管理、省级统筹保障、学校自主实施,着力补短板、激活力、强内涵、增效益,推动职业教育高质量发展。

国务院职业教育工作部际联席会议成员单位联合印发的《行动计划》,是贯彻落实党中央、国务院关于职业教育决策部署的创新之举,是对《国家职业教育改革实施方案》宏伟蓝图的再细化和具体化。《行动计划》回应时代变革对公平而有质量的职业教育的诉求,从下好职业教育一盘大棋出发,围绕提质培优、增值赋能这一主线,规划设计了10项任务、27条举措,创新构建"国家宏观管理、省级统筹保障、学校自主实施"的推进机制,将进一步加快职业教育现代化步伐,为我国经济社会持续健康发展提供更有力的支撑。

一、时代变革:迫切需要公平有质量的职业教育

伴随着中国特色社会主义进入新时代,我国经济同步迈向高质量发展阶段,人民对美好生活的需要日益增长,职业教育受重视程度前所未有,这些都要求我们加快办好公平而有质量的职业教育。

(一)经济转型发展对职业教育提出新要求

职业教育与经济社会发展联系最紧密、最直接。当前,我国经济已由高速增长阶段转向高质量发展阶段,正处在转变发展方式、优化经济结构、转换增长动力的攻关期。党的十九大报告指出,“必须坚持质量第一、效益优先,以供给侧结构性改革为主线,推动经济发展质量变革、效率变革、动力变革”。作为支撑经济发展的重要供给侧,职业教育急需主动求变,以高质量发展适应经济转型需求。首先,提升产品和服务品质要求职业教育打造质量品牌。当前经济领域正加速推进产品和服务品质的质量革命,对质量的个性化、柔性化和国际化提出明确要求。职业教育既是经济发展的重要因素与产品,也是支撑经济发展的供给侧,需精准对接市场需求,加快推进真正意义的质量变革,打造与经济实力相匹配、在世界舞台具有影响力和竞争力、彰显中国特色的职业教育品牌。其次,供给侧结构性改革要求职业教育优化供给模式。推进供给侧结构性改革是我国经济转型发展、建设现代化经济体系的必然要求。适应经济领域供给侧结构性改革带来的新变化、新要求,职业教育需着力破除制约效率提升的各种体制机制障碍,优化资源配置,健全制度保障,全面提高供给能力和质量。最后,新旧动能转换要求职业教育实施创新驱动。经济高质量发展要求加快实现发展动力由要素驱动向创新驱动转换,要求职业教育破除传统项目驱动、资金驱动发展的路径依赖,转向创新驱动发展,积极培育新的增长点、形成发展新动力。

(二)人民日益增长的美好生活需要对职业教育提出新要求

职业教育是教育,是经济,也是民生。党的十九大报告指出,中国特色社会主义进入新时代,我国社会主要矛盾已经转化为人民日益增长的美好生活需要和不平衡不充分的发展之间的矛盾。人民日益增长的美好生活需要为职业教育大改革大发展带来新的机遇和挑战，主要表现为两方面：一方面，人民对高质量教育的需求日益增长。习近平总书记指出，人民对美好生活的向往，就是我们的奋斗目标。落实到教育上，就要始终把教育摆在优先发展的战略位置，努力让每个孩子享有受教育的机会，努力让14亿人民享有更好更公平的教育。职业教育是国民教育体系的重要组成部分，要让人民满意，就要实现从追求规模扩张向提高质量转变，把工作的着力点切实转到提高发展质量和效益上来。另一方面，人民对多样化教育的需求日益增长。2019年，高职院校共扩招116.45万人，2020年政府工作报告再次提出2020年、2021年高职院校扩招200万人，在2020年中等职业学校招生中，也明确要适度扩大中等职业学校招生规模。扩招带来的生源多样、需求多元的时代现象，加之新时期信息技术对教育领域的深入渗透，推动职业教育整体办学形态的变革，对职业教育人才培养、资源配置、治理模式等都提出了新的挑战。高质量和多样化既相对独立，又辩证统一。进入新时代，职业教育要以质量和特色来满足人民日益增长的美好生活需要，满足人民日益多元化、个性化的教育需求，通过办“适合的教育”助推实现人人皆可成才、人人尽展其才。

（三）加速教育现代化进程对职业教育提出新要求

没有职业教育现代化就没有教育现代化。职业教育经过70余年的改革发展，在规模、体系等方面均取得了卓越成效。然而，与现代化进程要求相比，当前我国职业教育依然存在短板、弱项，亟须深化改革，突破瓶颈。首先，职业教育现代化要求确立并坚持类型属性定位。《实施方案》开明宗义地指出，“职业教育与普通教育是两种不同教育类型，具有同等重要地位”，这是党中央、国务院对职业教育功能与地位的全新判断，为新时期职业教育改革发展确立了逻辑基础、提供了根本遵循。围绕类型教育定位，职业教育亟须突破短板、强化内涵，破解当前存在的认可度不高、类型特色不突出等突出问题。其次,职业教育现代化要以完善的现代职业教育体系作为支撑。《中国教育现代化2035》提出要加快发展现代职业教育,《加快推进教育现代化实施方案(2018—2022年)》进一步明确要完善学历教育与培训并重的现代职业教育体系。这就要求职业教育加快健全重要制度,完善体现职业教育类型特点重要模式。最后,职业教育现代化要坚定不移地走中国特色职业教育发展道路。我们拥有着世界规模最大的职业教育体系,要从规模最大转向质量最优,需要更加坚定地扎根中国大地办职业教育。要在正本清源上下更大功夫,明确职业教育是一种与普通教育同等重要的教育类型,有着鲜明的类型特征;要在守正创新上下更大功夫,既时刻牢记应该坚持和巩固什么,又深入探究应该完善和发展什么;要在力求实效上下更大功夫,抓住改革发展的关键领域、关键环节,有效引导中国职业教育步入高质量发展轨道。

二、提质培优:努力办好公平有质量的职业教育

新的时代背景下,职业教育正处于爬坡过坎、提质培优的历史转折点,需坚持问题导向、目标导向,聚力补短板、激活力、强内涵、增效益,逐步夯实发展基础,增强改革动力,强化类型特色,提升服务能力,进而努力办好公平有质量的职业教育。

(一)补短板,夯实发展基础

当前,我国职业教育体系和制度框架基本形成,但距离现代化的要求还有差距,在一定程度上制约了职业教育的高质量发展。《行动计划》正是着眼职业教育体系和制度建设,以纵向贯通、横向融通为核心,对职业教育学校体系和招考制度进行改革部署。

一是优化职业教育层次结构。作为具备独立体系的教育类型,职

业教育自身是有层次的，包括职业中等教育和职业高等教育，职业高等教育还包括专科和本科层次。要加快建设结构合理、定位清晰的职业学校体系，实现不同层次职业教育自下而上无缝衔接，同时还要着力解决不同层次职业教育的关键短板，明确不同层次职业教育的功能定位。比如，对于职业中等教育，要强化其基础性作用，加快推进职业中等学校教学条件达标、教学管理规范，建设一批具有示范作用的优质学校和专业，通过提高质量和吸引力，促进保持高中阶段教育职普比大体相当；对于专科层次职业高等教育，要巩固其主体地位，将其作为优化高等教育结构和培养大国工匠、能工巧匠的重要方式，使城乡新增劳动力更多接受高等教育，高质量推进中国特色高水平高职学校和专业建设计划，打造一批技术技能人才培养高地和创新服务平台；对于本科层次职业高等教育，一方面要稳中求进，扎实推进本科层次职业教育试点，另一方面要积极开拓，加快建立具有职业教育类型特色的标准和制度，围绕产业急需加快建设一批职业教育本科专业，培养更多高端技术技能人才。

二是健全职业教育考试招生制度。改革职业教育考试招生制度是完善中国特色现代职业教育体系的必然要求，是职业教育实现由参照普通教育办学模式向类型教育转变的必然途径。一要健全分类考试招生制度，突出省级统筹。地方应因地制宜地设计职业教育考试招生制度，并统筹推进制度落地见效，在保留高职通过普通高考招生的同时，保持分类考试招生成为高职招生主渠道。二要规范职业教育考试招生形式，突出面向人人。针对普通高中毕业生、中职毕业生、退役军人、下岗职工、农民工、高素质农民等不同生源特点，分类推进考试招生工作；在学前教育、护理、养老服务、健康服务、现代服务业等领域，扩大实行中高职贯通培养的招生规模。三要完善“文化素质＋职业技能”评价方式，突出实践能力。建立技术技能人才选拔评价体系，文化素质考试由各地教育行政部门统一组织实施，职业技能测试由各地教育行政部门或职业学校组织实施,要充分体现岗位技能、通用技术相关内容,具体考试形式应以实践操作为主。

(二)激活力,增强改革动力

党的十九届四中全会提出,要推进治理体系和治理能力现代化,《实施方案》也明确提出,用5—10年左右时间,推动职业教育实现由政府举办为主向政府统筹管理、社会多元办学的格局转变。与这些要求和目标相比,当前职业教育还受制于体制不够健全、机制不够灵活等现实困境,急需突破,以增强改革动力。

一是加快职业教育治理能力建设。加快治理能力建设是职业教育现代化的必然要求和重要内容,也是职业教育质量提升的关键抓手。要着力从三方面推进职业教育治理能力提升。一要健全职业教育标准体系,这是治理能力提升的基础,也是职业教育质量提升的基础,要将其作为推动职业教育改革发展的关键突破口。一方面,要按照体现国家意志和最基本要求的底线思维,建立健全职业教育国家标准,如及时修订学校设置标准,制定职业学校教师、校长专业标准,完善职业教育专业目录及专业设置管理办法,补充部分面向产业急需领域和量大面广专业的专业教学标准等。另一方面,各地、各职业学校要结合地方实际及校本特色,建立健全高于国家标准的省级、校级标准。同时,国家还要健全各类标准动态更新和执行情况检查机制,推动构建国家、省、校三级职业教育标准体系。二要完善办学质量监管评价机制。2017年,《中共中央 国务院关于开展质量提升行动的指导意见》明确提出,要"构建市场主体自治、行业自律、社会监督、政府监管的质量共治格局"。这一要求同样适用于职业教育。我们要完善政府、行业企业、学校、社会等多方参与的质量监管评价机制。在政府监管方面,要完善国家督导评估办法,建立符合职业教育规律的考核体系。在社会监督方面,要巩固国家、省、校三级质量年报制度,进一步提高质量年报编制水平和公开力度。在行业自律方面，要充分发挥行指委在专业目录、教学标准等制定（修订）中的重要作用。在院校主体方面，要完善以章程为核心的校内制度体系，健全教学诊断与改进制度，切实发挥学校质量保证主体作用。三要打造高素质专业化管理队伍。治理能力提升的核心要素是“人”，要加强职业院校校领导、中层干部、后备干部等的培养与培训，建立一批职业院校校长培训中心和基地，形成一套系统完备、运作规范的培训体系，打造一批素质高、理念新、能力强的管理队伍。

二是构建职业教育多元办学格局。职业教育是跨界的教育，构建多元办学格局是新时代办好公平有质量的职业教育的必然要求，要加快破解当前职业教育校企合作不深的瓶颈障碍，厚植企业承担职业教育责任的社会环境，推动职业院校和行业企业形成命运共同体。一方面，要建立健全校企协同育人机制。支持国有企业和大型民营企业举办或参与举办职业教育，支持职业学校根据自身办学特点和人才培养需要，主动与具备条件的区域龙头企业在人才培养培训、技术创新、就业创业、社会服务、文化传承等方面开展深度合作。全面推行现代学徒制和企业新型学徒制，鼓励企业利用资本、技术、知识、设施、设备和管理等要素参与校企合作；探索建立覆盖主要专业领域的教师企业实践流动站。进一步发挥职教集团在推进企业参与职业教育办学中的纽带作用，打造一批实体化运行的示范性职教集团（联盟）。另一方面，要建立健全企业和社会力量参与举办职业教育的激励机制。鼓励发展股份制、混合所有制等职业院校和各类职业培训机构。充分发挥行业组织在举办和指导职业教育中的重要作用。因地制宜推动各地制定和颁布地方性法规，探索将企业办学情况纳入企业社会责任报告，促进职业学校校企合作。在开展国家产教融合建设试点基础上，建立产教融合型企业认证制度，对产教融合型企业给予“金融＋财政＋土地＋信用”的组合式激励，并按规定落实相关税收政策。依托1＋X证书制度试点，打造一批优秀职业教育培训评价组织，积聚社会力量、引入社会资本推动职业教育发展。

三是部省共建国家职业教育创新发展高地。部省共建国家职业教育创新发展高地是推进职业教育关键领域改革的创新举措，也是落实地方发展职业教育主责的重大制度设计。其核心宗旨是在国家职业教育改革总体框架下，支持有基础、有意愿的地方先行先试，按照东部提质培优、中部提质扩容、西部扩容提质的原则，在东、中、西部选择若干省或地级市先行先试，总结出一批可复制、可推广的经验。国家将按照整省试点和城市试点两类划分试点范围，整省试点侧重区域现代职业教育体系建设和体制机制改革；城市试点侧重产教融合和校企合作，服务区域经济社会发展。目前，东部山东、中部江西、西部甘肃整省试点已形成起步成势的态势，基本形成了南北呼应、相互促进的联动节奏，同时带动其他若干省份整省整市推进职业教育改革的良好局面，搅活了改革的“一池春水”。发展职业教育的主责在地方，压实地方主体责任，是办好新时代职业教育的关键。在国家财税体制改革特别是拨款方式变化的背景下，推进高地建设需要进一步创新工作方式，落实“转变职能、简政放权、放管结合、优化服务”，调动和保护地方的积极性、主动性和创造性，形成中央和地方改革同向同行、信号不减，各地因地制宜、比学赶超的工作格局。

(三)强内涵，突显类型特色

当前职业教育依然存在吸引力不强、社会认可度不高等突出问题。职业教育提高吸引力的核心在于通过强化内涵建设、突显类型特色，真正树立起中国特色的职业教育质量品牌。

一是落实好立德树人根本任务。职业教育坚持德技并修、工学结合的育人机制，落实好职业教育立德树人根本任务，要着重从三方面发力。首先，推动习近平新时代中国特色社会主义思想进教材、进课堂、进头脑。用习近平新时代中国特色社会主义思想特别是习近平总书记关于职业教育的重要论述武装头脑、指导实践、推动工作。推进理想信念教育，加强党史、新中国史、改革开放史、社会主义发展史教育和爱国主义、集体主义、社会主义教育，将党建和思想政治工作评价指标全面纳入学校事业发展规划、专业质量评价、人才项目评审、教学科研成果评估等。其次，构建职业教育"三全育人"新格局。加强党委对学校思想政治工作的全面领导，统筹各领域、各环节、各方面的育人资源和育人力量，落实全员、全过程、全方位育人。引导专业课教师加强课程思政建设，将思想政治教育全面融入人才培养方案。加强高职院校专职辅导员队伍建设，加强中职德育工作队伍建设。统筹勤工俭学、实习实训、社会实践、志愿服务等环节系统开展劳动教育，加强职业道德、职业素养、职业行为习惯培养。培育建设一批"三全育人"典型学校，打造一批名班主任工作室，总结推广一批德育特色案例。再次，创新职业学校思想政治教育模式。严格落实党中央关于思想政治教育的各项要求，开足、开齐、开好思政课程，按照规定选用国家统编教材；加强思政课教师队伍建设，提高思政课教师教学水平；推进思政课教学方法改革，遵循职业学校学生认知规律，因地制宜实施情景式、案例式、活动式等教法，建设学生真心喜爱、终身受益，体现职业教育特点的思政课程。统筹推进活动育人、实践育人和文化育人，持续开展"文明风采""劳模进职校"等活动。培养、培训一大批德育骨干管理人员、思政课专任教师、思政课教学创新团队，引导校企合作共建一批德育实践基地、思政课教师研修基地，打造一批思政课示范课堂和彰显职业教育类型特点的思政教育案例。

二是全面推进职业教育"三教"改革。推进"三教"改革是树立中国特色职业教育质量品牌、突显职业教育类型特色的关键抓手、有效突破口。要以提升教师"双师"素质为先导，以强化教材科学性、先进性为基础，以改进教学方法为重点，系统推进职业教育"三教"改革，推动职业学校课堂革命。在教师队伍建设方面,继续实施职业院校教师素质提高计划,校企共建"双师型"教师培养培训基地和教师企业实践基地,落实教师全员培训制度;实施现代产业导师特聘岗位计划,促进校企人员双向流动;打造一批国家"万人计划"教学名师和国家级教师教学创新团队。推动建设职业技术师范院校和专业,构建"双师型"教师培养体系。改革职业学校专业教师晋升和评价机制,完善职业学校绩效工资政策。在教材建设方面,实现教材分层规划制度,在国家规划教材建设基础上,引导地方建设区域特色教材,鼓励职业学校编写反映自身特色的校本专业教材。健全教材分类审核、抽查和退出制度,逐步提高国家、省两级抽查比例。建立教材动态更新调整机制,校企合作开发多样化教材,推行使用新型活页式、工作手册式教材。在教法改革方面,适应生源多样化特点,推广实施项目教学、案例教学、情景教学、工作过程导向教学以及混合式教学、理实一体教学、模块化教学等新型教学模式,推广远程协作、实时互动、翻转课堂、移动学习等信息化教学模式。鼓励教师团队对接职业标准和工作过程,探索分工协作的模块化教学组织方式。建立国家、省、校三级教学能力比赛机制,促进教学方式方法改革。围绕专业和课程建设,将职业院校教学改革向纵深推进,包括优化专业设置、强化实践性教学和实习实训考核评价,规范人才培养方案制订与实施等。

三是推动职业教育与信息技术深度融合。随着工业4.0时代的到来,人工智能、虚拟现实、大数据、区块链、"5G+"等新兴信息技术日新月异,信息技术为职业教育发展带来的机遇和挑战前所未有。职业教育需要以更加灵活、开放、包容的姿态,主动对接、融入新兴信息技术,充分发挥信息技术在教育教学、质量治理、资源建设等方面的独特作用。一方面,要加强信息化基础能力建设。落实《职业院校数字校园规范》,推动各地各校研制校本数据中心建设指南,指导职业学校系统提升信息化建设水平,大幅提高决策和管理的精准化、科学化水平。统筹建设一体化智能化教学、管理与服务平台，建成适应办学生态需要且各具特色的智慧校园，打造一批职业教育信息化标杆学校。另一方面，要推动信息技术融入教育教学过程。充分发挥云计算、物联网、大数据、人工智能等新一代信息技术的作用，以“信息技术＋”促进专业升级改造、推动人才培养模式创新，助力教育教学改革。如将信息技术与实践教学相融合，打造若干示范性虚拟仿真实训基地。引入信息技术强化职业教育资源建设，建立健全资源共建共享机制，推进国家、省、校三级专业教学资源库建设应用，打造一批优质职业教育在线精品课程，进一步扩大优质资源覆盖面。借助信息技术，创新线上线下混合式教学模式，同步提升师生信息技术应用能力。

（四）增效益，提升服务能力

职业教育以服务发展、促进就业为宗旨，为经济升级铺路，为脱贫攻坚助力，为人的成长筑基。职业教育改革发展的根本目的在于更好地服务经济社会发展、服务人的全面发展、促进更高质量更充分就业。因而，从效益角度看，应着力提升职业教育服务发展能力。

一是提升职业教育服务经济社会发展能力。职业教育要对接科技发展趋势和市场需求，服务建设现代化经济体系和实现更高质量更充分就业需要，这是考核职业教育发展效益的核心内容。面对当前经济转型发展以及人民日益增长的美好生活需要，职业教育要着力从两方面提升其服务经济社会发展能力。一方面，要深化职业教育供给侧结构性改革，促进产教深度融合。要根据国家区域发展战略和产业布局，优化职业学校和专业布局，引导职业教育资源向产业和人口集聚区集中，充分发挥职业学校技术技能积累和技术服务作用。建立产业人才数据平台，定期发布产业人才需求报告。全力推进产教融合试点，遴选建设一批产教融合型城市，培育数以万计的产教融合型企业，打造若干高水平专业化产教融合实训基地。另一方面，要立足区域协调发展,发挥职业教育在脱贫攻坚中的重要作用。发展职业教育是促进教育公平和脱贫减贫的重要举措,要整合职业教育优质资源,助力脱贫和防返贫;要落实职业教育东西协作行动计划,做好定点帮扶和对口支援工作;要大力发展农村职业教育,加大对农业农村等人才急需领域的职业教育供给,建设乡村振兴人才培养优质校,实施国家级职成教示范县助力乡村振兴人才培养计划,在培养人才、输送技术、培育产业等方面助力乡村振兴;要充分依托职业院校、培训机构、农业技术推广站等,面向“三农”提供全产业链技术培训服务及技术支持,为脱贫致富提供持续动力。

二是提升职业教育服务全民终身学习能力。党的十九届四中全会提出要构建服务全民终身学习的教育体系。职业教育是一种面向人人的教育,在服务全民终身学习中具有独特优势,也应做出更多的贡献。一要健全服务全民终身学习的职业教育制度,加快推进职业教育国家“学分银行”和国家资历框架建设,建立各级各类教育培训学习成果认定、积累和转换机制,畅通技术技能人才成长渠道。具体来说,要从制度架构设计、运行工具与方法开发等方面进一步完善职业教育国家“学分银行”的顶层设计,加强国家资历框架建设相关理论研究和制度实践。二要推动学历教育与职业培训并举并重,适应职业教育的生源多样、需求多元、技术革新等变化,职业院校要全面落实学历教育与培训并举的法定职责,坚持育训结合、长短结合、内外结合,面向在校学生和全体社会成员开展高质量的职业培训。一方面发挥好学历证书作用,夯实学生可持续发展基础;另一方面引导学生取得职业技能等级证书,拓展就业创业本领,缓解结构性就业矛盾。三要强化职业学校继续教育功能,积极参与社区教育和老年教育,与其他各类院校及继续教育机构互联共享,形成服务全民终身学习的发展合力。面向在职员工、现役军人、退役军人、进城务工人员、转岗人员、城镇化进程中的新市民、城乡待业人员、残疾人、农村实用人才等社会群体开展多种形式的继续教育。

三是提升职业教育服务国际产能合作能力。随着经济全球化的加速推进，国际产能合作不断扩大，要着力提升职业教育服务国际产能合作能力。首先，加快培养国际产能合作急需人才。一方面，支持职业学校与国（境）外中资企业合作，多种形式探索国（境）外合作办学；推动中国与国际产能合作国在远程教育培训方面开展深度合作，为中国“走出去”企业及产能合作国培养培训大量急需人才；面向“一带一路”沿线等国家培育一批“鲁班工坊”，培养熟悉中华传统文化、中资企业急需的本土技术技能人才。另一方面，鼓励引进国（境）外优质职业教育机构来华合作办学，促进国际经验本土化、再创新，促进培养具有国际视野的高素质技术技能人才。其次，提升职业教育国际化水平与国际影响力。选派一大批专业带头人、骨干教师赴职业教育发达国家研修访学，提升职业教育师资队伍水平。通过推进实施“中文＋职业技能”项目，引导职业学校与国（境）外优秀职业教育机构联合开展各类合作项目，积极承办世界职业教育大会，在“一带一路”沿线国家举办中国职业教育发展成果展等，多举措促进中国职业教育走向世界舞台，贡献中国智慧、中国经验、中国方案，提升中国职业教育的国际影响力。

三、机制创新：协同推进《行动计划》落地见效

《行动计划》是新时期推进职业教育提质培优、增值赋能的重大举措、重要抓手，在推动实践上，聚焦提升质量和关键改革，具体设计56个重点项目。其中，既有定性的规划，也有定量的考量；既有国家层面、省级层面的改革任务，也有院校层面的发展要求；既有明确、可预知的规定性行动计划，也有未知、有待验证的探索性行动计划。需要国家有关部门、地方和学校共同努力，建立健全协同推进机制，确保《行动计划》各项任务有效实施。

(一)国家层面:强化宏观管理搭建平台

《行动计划》一方面对接《中国教育现代化 2035》《加快推进教育现代化实施方案(2018—2022 年)》中关于职业教育发展的有关要求,系统推进职业教育可持续发展;另一方面进一步释放《实施方案》有关政策红利,有重点地推进职业教育突破发展。不论是整体发展,还是局部突破,都需要国家层面的宏观管理,需要国家意志强力推进。国务院职业教育工作部际联席会议作为全国职业教育工作的统筹协调机构,是《行动计划》实施的管理主体,在国家层面负责指导、推进、协调《行动计划》实施有关事宜。其中,教育部负责实施工作的综合协调,明确改革发展任务、搭建实施管理平台、强化实施过程监管、建立年度绩效评价及期满考核制度;联席会议其他成员单位在职责分工范围内落实相应任务。联席会议各成员单位应将推进《行动计划》落实情况纳入年度工作清单,分年度进行调度、总结,确保责任范围内相应改革任务落地见效。国家层面将各地《行动计划》执行情况列入国务院大督查范围,列为省级政府履行教育职责的重要内容,同时持续强化职业教育研究与宣传工作,加快构建中国特色职业教育的思想体系、话语体系、制度体系、政策体系和实践体系,全方位营造重视职业教育、认可职业教育的良好氛围。

(二)省级层面:强化统筹保障聚拢资源

《行动计划》的实施坚持中央统筹与地方主责相结合。省级人民政府是《行动计划》实施的责任主体,要充分发挥省级政府的统筹协调和督导保障作用,在政策支持、经费保障、组织领导等方面落实主体责任。一是要结合地方经济社会发展及职业教育发展实际,积极承接改革任务,制订工作方案,协调好教育、发展改革、财政、人社、科技、工信等部门,形成发展合力。二是要根据中央财政转移支付情况及地方发展实际，统筹协调《行动计划》经费支持，加大经费投入力度，确保各项改革任务保障到位。三是要加大省级层面政策支持和落实力度，将《行动计划》执行情况列入省政府督查范围，将目标责任完成情况作为督查对象业绩考核的重要内容，引导地市政府和学校在补短板、强弱项等方面勇于突破，在激活力、增效益等方面大胆创新，在提质量、树品牌等方面敢为人先。

（三）院校层面：强化自主实施积极作为

职业学校是《行动计划》落地的具体单元，要将《行动计划》与学校“十四五”改革发展同部署、同规划、同实施，积极承接、积极探索。一是主动作为，结合院校自身办学定位、发展特色，合理承接改革发展任务，明确任务具体推进举措、路径，确保所承接任务建设取得实质成效。二是聚焦质量，在思政工作、教师配置、教材、教法等方面深化改革，切实提高质量，立好德、树好人。三是敢于创新，在产教融合、校企合作、学校治理等关键改革中大胆试、大胆闯，充分激发办学活力，为职业教育大改革大发展提供基层首创经验。

当今世界正经历百年未有之大变局，而我国正处于实现中华民族伟大复兴的关键时期。经济转型发展、人民日益增长的美好生活需要以及教育现代化进程都对职业教育质量提出更高要求。补短板、激活力、强内涵、增效益是职业教育突显类型特色、提高质量的必然途径。我们要以习近平新时代中国特色社会主义思想为指导，努力办好公平有质量的职业教育，为促进经济社会发展和提高国家竞争力提供优质人才资源支撑。

（本文发表于中国职业技术教育微信公众号 2020 年 10 月 21 日）

第三编

金院研学

《行动计划》要围绕高质量发展目标真行动

——学习《职业教育提质培优行动计划（2020—2023年）》的体会

周建松

党和国家对职业教育高度重视，针对不同阶段、不同时期的具体情况，适时推出职业教育改革发展的具体政策，有力支持和促进了职业教育的发展。党的十八大以来，以习近平同志为核心的党中央进一步加大了职业教育的政策支持力度，特别是党的十九大以后，党和国家根据推进教育现代化的新要求，提出要在职业教育领域下一盘大棋。国务院于2019年印发了《国家职业教育改革实施方案》，系统勾画了新时代职业教育改革发展的宏伟蓝图，并出台了一些专项政策。如何把党中央、国务院的要求落到实处，教育部会同九部门印发的《职业教育提质培优行动计划（2020—2023 年）》应该是一个十分务实的、指导性极强的行动计划。对此，我们要科学精准把握，并狠抓具体落实。

一、《行动计划》是《实施方案》的落实计划

2019 年 1 月，国务院印发了《国家职业教育改革实施方案》，一改以往国务院关于职业教育文件中的“决定”形式，而改为用“实施方案”的新形式出现，表明国务院关于职业教育改革发展的理念和政策更为务实，更具操作性和指导性。与此同时，《实施方案》下发后，教育部、发展和改革委员会、财政部、人力资源和社会保障部、国家市场监督管理总局等部门先后从不同专业、不同领域下发了一系列配套文件，如发展和改革委员会、教育部印发《建设产教融合型企业实施办法（试行）》（发改社会〔2019〕590 号），教育部等四部门印发《关于在院校实施“学历证书＋若干职业技能等级证书”制度试点方案》（教职成〔2019〕6 号），教育部等四部门印发《深化新时代职业教育“双师型”教师队伍建设改革实施方案》（教师〔2019〕6 号），教育部、财政部印发《关于实施中国特色高水平高职学校和专业建设计划的意见》（教职成〔2019〕5 号），教育部印发《关于职业院校专业人才培养方案制订与实施工作的指导意见》（教职成〔2019〕13 号），等等。

这些具体文件和要求，推动了《实施方案》的有效实施，产教融合型企业政策有力推进了产教融合和校企合作，1＋X 证书制度激发了人才培养模式改革，中国特色高水平高职学校和专业建设计划撬动了高职教育改革发展，“双师型”教师队伍的政策文件促进了职业院校师资队伍改革和建设，教育部关于职业院校制订和实施人才培养方案的意见进一步规范了职业院校人才培养工作，而有关职业技能培训工作的支持政策则有力拉动了职业教育功能的进一步发挥。应该说，两年来，我

国职业教育改革发展形成了一个新的高潮,呈现出一派欣欣向荣的新气象。

但是,职业教育改革发展如何系统进行,宏观、中观、微观如何系统推进、同向发力,各职能部门如何依据职责从不同方向同向发力,职业院校如何承担主体责任,认真落实习近平总书记和党中央关于职业教育改革发展的决策部署,需要进一步具体化和系统化实施。正是基于这样的理念,由教育部牵头、九部门联合研制并出台了《职业教育提质培优行动计划(2020—2023年)》。正如《行动计划》开宗明义,为贯彻落实《国家职业教育改革实施方案》,办好公开有质量、类型特色突出的职业教育,提质培优、增值赋能、以质图强,加快推进职业教育现代化,更好支撑我国经济社会持续健康发展,特制定本计划。

从职业教育领域看,我们也曾经有过类似的行动计划,就是为认真贯彻《国务院关于加快发展现代职业教育的决定》(国发〔2014〕19号),教育部启动的《高等职业教育创新发展行动计划(2015—2018年)》(教职成〔2015〕9号)。此行动计划通过优质高职院校建设、骨干专业建设等项目,通过建立全国平台、省级推动、院校承接等路径,较好地推动了院校建设和发展,也为中国特色高水平高职学校和专业建设计划实施,为推进高等职业教育高质量发展奠定了坚实基础。实践证明,以《行动计划》推动工作落实是一个科学有效之举。

二、正确把握《行动计划》的总体要求

如前所述,《实施方案》明确了办好新时代职业教育的施工图,而《行动计划》则要聚焦重点、疏通堵点、破解难点,将《实施方案》部署的改革任务转化为具体化的举措,推动中央、地方和学校同心向行,形成因地制宜、比学赶超的工作格局,整体推进职业教育提质培优。

(一)正确理解指导思想

《行动计划》明确强调,职业教育战线实施《行动计划》要以习近平新时代中国特色社会主义思想为指导,贯彻党的十九大和十九届二中、三中、四中全会精神,牢固树立新发展理念,落实高度重视、加快发展的工作方针,坚持服务高质量发展、促进高水平就业的办学方向,坚持职业教育与普通教育不同类型、同等重要的战略定位,着力夯实基础、补齐短板,着力深化改革、激发活力,加快构建纵向贯通、横向融通的中国特色现代职业教育体系,大幅提升新时代职业教育现代化水平和服务能力,为促进经济社会持续发展和提高国家竞争力提供多层次高质量的技术技能人才支撑。

我们理解,职业教育战线还要继续认真学习习近平总书记关于教育的重要论述,认真贯彻习近平总书记关于职业教育的指示批示精神,要贯彻落实全国职业教育大会精神,贯彻落实好新修订的《中华人民共和国职业教育法》,按照党中央、国务院关于建设技能中国的一系列要求,在完善职业教育办学模式和人才培养模式、扩展职业教育功能上履职尽责。

当前,我们一定要认真学习党的十九届五中全会精神,围绕建设高质量教育体系的总要求,正确把握加大人力资本投入、增强职业技术教育适应性的要求,认真领会深化职普融通、产教融合的要义,校企合作的政策导向,积极探索中国特色学徒制,努力培养高素质技术技能人才,尤其是要在高质量、高适应性上下功夫。

(二)精准把握八个“更加”的目标要求

《行动计划》阐述了《实施方案》所要达到的主要目标,用词言简意赅,具体表达为八个“更加”,即通过建设,使职业教育与经济社会发展需求对接更加紧密,同人民群众期待更加契合,同我国综合国力和国际地位更加匹配，进而使中国特色现代职业教育体系更加完备，制度更加健全，标准更加完善，条件更加充足，评价更加科学。具体措施如下：

一是职业教育制度更加健全。招生考试制度、学分银行制度、有关专业教育的标准，尤其是国家关于职业教育的法律法规和制度体系进一步健全，真正形成类型特征相适应的各项制度。

二是职业教育体系更加完备。要继续按照强化中职教育的基础性作用、巩固专科高职教育的主体地位、稳步发展高层次职业教育的要求狠抓落实。就当前而言，一个十分重要的命题是，本科层次职业教育发展政策如何再突破，规模再扩大，内容再丰富，更高层次的职业教育怎样理解和把握。

三是职业教育标准体系更加完善。要探索建立国家、省、校三级职业教育标准体系，围绕学校设置标准，如校长任职资格标准、教师任职标准、专业教学标准、实习实验实训标准、信息化建设标准等，确保抓好达标落实工作。

四是职业教育的规模更加稳定。要坚持高中阶段大体相当，高中后“半壁江山”的基本要求，努力巩固中等职业教育办学规模和水平、巩固推进高等职业教育高质量发展，并采用倾斜和扩招等手段，使职业教育规模继续保持稳定发展，与普通教育大体相当，不断优化我国高等教育结构，使城乡新增劳动力更多接受高等教育。

五是党政各部门的工作更加协同。要在党中央、国务院的统一领导下，充分发挥国务院职业教育部际联席会议作用，落实国务院有关部门协同配合、地方落实主责的职业教育工作机制，努力做到政府、行业企业、学校职责清晰，同向发力，政府统筹管理、社会多元办学格局更加稳固，当然，学校的主体地位作用也要进一步强化。

更加重要的是，我们通过《行动计划》的进一步落实，使职业学校办学水平、人才培养质量、就业质量进一步实现整体提升，使职业教育的吸引力和社会认可度大幅提高。

(三)科学理解实施基本原则

《行动计划》在总体要求部分列专门条目,用较多笔墨阐述了《行动计划》实施的基本原则。

一是育人为本,质量为先。特别强调要加强党对职业教育工作的全面领导,推动新时代职业学校思想政治工作改革创新,深化产教融合、校企合作,强化工学结合、知行合一,健全德技并修、学育结合育人机制。

二是固本强基,综合改革。明确要求聚焦薄弱环节,着力补短板、强弱项、夯基础,同时,通过综合改革、系统推进评价体系改革,为职业教育发展注入新动力,增强新活力。

三是标准先行,试点突破。明确提出要健全国家、省、校三级标准体系,并使标准真正落地,同时明确提出以打造创新发展高地为抓手,推进关键改革,突破瓶颈制约,打造一批职业教育优质资源和品牌,带动职业教育大改革大发展,实现职业教育大振兴大繁荣。

四是地方主责,协同推进。《行动计划》在强调构建政府、行业企业协同推进职业教育高质量发展的新机制的同时,特别强调了地方主责,这实际上是在推进职业教育治理机制的变革,可能也是今后一个发展的趋势。

三、明确任务、狠抓落实,从我做起

《行动计划》用较大篇幅明确提出了今后一个时期职业教育需要强化的十大任务,并就任务的落实提出了要求。

(一)明确任务清单

一是落实立德树人根本任务。具体要求是,推动习近平新时代中国特色社会主义思想进教材、进课堂、进头脑，构建职业教育“三全育人”新格局，创新职业学校思想政治教育模式。

二是推进职业教育协调发展。具体要求是，强化中等职业教育的基础性作用，巩固专科高职教育的主体地位，稳步发展高层次职业教育。

三是完善服务全民终身学习的职业教育制度。具体要求是，健全服务全民终身学习的职业教育制度，推动学历教育与职业培训并举并重，强化职业学校的继续教育功能。

四是深化职业教育产教融合、校企合作。具体任务是，深化职业教育结构性改革，深化校企合作协同育人模式改革，完善校企合作激励约束机制。

五是健全职业教育考试招生制度。具体要求是，健全高职分类考试招生制度，规范职业教育考试招生形式，完善“文化素质＋职业技能”评价方式。

六是实施职业教育治理能力提升行动。具体要求是，健全职业教育标准体系，完善办学质量监管评价机制，打造高素质专业化管理队伍。

七是实施职业教育“三教”改革攻坚行动。具体要求是，提升教师双师素质，加强教材建设，提升职业教育专业和课程教学质量。

八是实施职业教育信息化 2.0 建设行动。具体要求是，提升职业教育信息化水平，推动信息技术与教育教学深度融合。

九是实施职业教育服务国际产能合作行动。具体要求是，加快培养国际产能合作急需人才，提升职业教育国际影响力。

十是实施职业教育创新发展高地建设行动。具体要求是，全省推进职业教育提升培训，合力打造职业教育样板城市。

(二)狠抓工作落实

《行动计划》在第三部分专门阐述了组织实施并明确提出要加强党的领导,完善职业教育财政支持机制,完善协同推进机制,营造良好发展氛围。特别是,根据文件内容和要求,《行动计划》还细列了56项重点任务(项目),并明确了责任部门。对此,我们应予以关注和重视。

学校作为职业教育创新发展、提质培优的实施全体,必须增强责任意识,主动作为。

一是要在落实立德树人根本任务上狠下功夫。紧紧围绕办什么样的学校、怎样办好学校、培养什么样的人、怎样培养人、为谁培养人、靠谁培养人这些命题,坚持以习近平新时代中国特色社会主义思想为指导,坚持和加强党的领导,坚定办学社会主义方向,扎根中国大地,服务国家战略,聚焦国家战略产业、区域支柱和新兴产业,努力培养德才兼备的高素质技术技能人才,并实现更高质量充分就业的目标,为经济社会高质量发展做出应有的贡献。对学校来说,还要结合"双高"建设,在打造高素质技术技能人才培养高地上下功夫。

二是强化推进产教融合,校企合作。要认真贯彻落实《国务院办公厅关于深化产教融合的若干意见》,主动瞄准国家、区域及经济社会发展需求,紧盯行业发展变革趋势,努力促进学校专业群建设与区域需求、产业人才需求精准对接,努力做到专业对接产业,课程对接岗位,教学过程对接生产经营过程,努力做到校内实训生产化(真实化),校外实训教学化(育人化),努力构建校企合作发展、合作招生、合作就业、合作育人机制,探索中国特色学徒制,努力增强与经济社会和产业发展的适应性。

三是深化"三教"改革攻坚克难行动。要充分利用"固定岗+流动岗"政策优势,在建设双师结构教学团队上下功夫,大力提升在职在编教师的双师素质,建设一批高水平结构化教学创新团队。要重视和加强教材建设,规范教材使用,努力编写一批高质量、具有自主知识产权的校本教材,要正确把握信息技术发展趋势,积极打造信息技术与专业教学内容结合的教学内容与方法,努力提高教育教学质量。

四是要积极推进治理体系和能力建设现代化。要重视院校内部治理结构体系优化,坚持和加强党的集中统一领导,坚持和加强党委领导下校长负责制,加强学术委员会建设,加强教职工代表大会职能发挥,推进校院两级管理,提高治理能力和水平。要重视参与职业教育行业治理,积极参与制度标准体系建设,建设高素质专业化管理队伍,努力在提升职业教育治理能力和水平上做贡献。

五是要积极参与职业教育体系建设。要充分发挥高等职业学校优势,在构建中高职一体化教学体系上积极作为,带动中等职业教育实现高质量发展,要积极创造条件,争取政策支持,试点举办和探索本科层次职业教育,为健全我国职业教育层次体系、完善高层次培养工作做贡献。要充分担负起“双高”建设学校的使命,按照引领改革、支撑发展、中国特色、世界水平的要求,努力建设高职教育创新发展样板房,持续深化改革创新,加强内涵建设,带动引领职业教育率先实现现代化,为两个一百年奋斗目标和中华民族伟大复兴提供坚强人才保障。

增强适应性是职业教育提质培优的关键

周建松

随着我国经济由高速增长阶段转向高质量发展阶段，对多层次高质量的技术技能人才需求越来越紧迫，为贯彻《国家职业教育改革实施方案》，系统推进职业教育宏观、中观、微观改革，教育部等九部门印发了《职业教育提质培优行动计划（2020—2023 年）》，明确了今后一个阶段的 10 项重要任务和 27 项具体工作。《中共中央关于制定国民经济和社会发展第十四个五年规划和二〇三五年远景目标的建议》提出加大人力资本投入，增强职业技术教育适应性，这是党中央从经济社会全局出发对职业技术教育发展做出的新论断。2021 年 1 月 5 日，教育部职业教育与成人教育司公布了《职业教育提质培优行动计划（2020—2023 年）》任务（项目）承接情况，要求各地将《职业教育提质培优行动计划（2020—2023 年）》与"十四五"事业发展同规划、同部署、同考核，加强省级统筹，加大政策和资金保障，指导各承接单位积极开展建设工作，确保承接任务（项目）落地见效。笔者认为，《行动计划》契合了党的十九届五中全会对于职业教育提出的关键词——"增强适应性"，即增强适应性是职业教育提质培优行动的关键所在。

一、适应性是职业教育最大的质量标志之一

从我国人口众多、国土辽阔的实情出发，党和国家历来重视职业教育发展，并十分重视职业培训工作。党的十八大以来，以习近平同志为核心的党中央高度重视职业教育，先后出台了一系列支持和鼓励职业教育发展的文件和制度。习近平总书记还就职业教育发展做出了

一系列重要指示和批示,并现场视察和指导了一些职业学校的工作,有力推动了职业教育的发展,推动了全世界最大规模职业教育的形成,为优化教育结构、促进就业创业、推进社会主义和谐社会建设做出了积极而有益的贡献。然而,我国职业教育发展不平衡、培养质量参差不齐等问题依然十分突出,与经济社会发展和产业转型升级要求不匹配的矛盾仍然比较突出。一方面是高等学校和职业学校的学生找不到合适的工作,另一方面是用人单位找不到合适的人才,这样的反差十分明显,说到底,就是职业教育的人才培养与经济社会发展、产业转型升级需要之间存在不对称性和不适应性。

从某种意义上说,适应性不够或者说适应性差成为职业教育社会认同度不高、社会吸引力不强、行业企业支持力度小的重要原因。我们提出要巩固提升中等职业教育水平,推动高等职业教育高质量发展,完善高层次职业教育人才培养体系,建设高质量教育体系,说到底首先乃至从根本上就是要在增强适应性上下功夫。适应性既是重要的质量指标,也是高等教育大众化乃至普及化以后结构质量的关键所在,忽略了适应性或者适应性不强的问题存在,即培养的人才不能够很好地适应我国经济建设和高质量发展的需要,不仅是国家财政资金对于教育投入的浪费,也是对人力资源的浪费,我们必须在增强职业教育适应性上下功夫。

二、《行动计划》各项举措旨在增强职业教育适应性

适应性是一个十分复杂而又系统的概念,原是一个生态学术语,是指通过生物的遗传组成赋予某种生物的生存潜力,决定此物种在自然选择压力下的性能。引入社会领域,就有了适应性行为、适应性能力等,也就有了人对于环境的适应性等;引入教育领域,则是指学生毕业后对于工作岗位和社会经济需求之间的适应能力等。

作为人力资源开发的重要部分，国家已经把职业教育摆在教育改革创新和经济社会发展中更加突出的位置，职业教育要坚持深化供给侧结构性改革这条主线，进一步强化其类型定位，加强创新链和产业链对接，为服务现代制造业、现代服务业、现代农业发展和职业教育现代化提供制度保障与人才支持，助力建设高质量教育体系，为加快形成技能型社会奠基。这意味着职业教育要比普通教育更具有适应性。

《行动计划》围绕办好公平有质量、类型特色突出的职业教育，以提质培优、增质赋能为主线，坚持问题导向、需求导向和目标导向，而问题导向主要表现在学生适应社会能力和服务产业转型升级能力不足，需求导向就是用人单位和产业发展需要的人才还未能很好地满足。作为与经济社会发展联系最紧密的教育类型，职业教育要服务建设现代化经济体系和实现更高质量、更充分就业需要，对接科技发展趋势和市场需求，深化办学体制改革和育人机制改革，以促进就业和适应产业发展需求为导向，着力培养高素质劳动者和技术技能人才。

《行动计划》聚焦立德树人这一根本任务，提出一系列根本性举措，紧紧围绕培养爱党、爱祖国、爱中国特色社会主义制度这一人才培养的根本要求，着力在培养和造就新时代中国特色社会主义接班人和建设者上下功夫，提出习近平新时代中国特色社会主义思想进课堂、进教材、进头脑和完善“三全育人”格局等。应该说，这是职业教育质量的最主要标志，也关系到国家长治久安和中华民族伟大复兴的同频共振和后继有人，抓住了职业教育发展的这个关键，有利于人才培养质量的全面提升。

《行动计划》围绕构建完善现代职业教育体系，提出要强化中职教育的基础性作用，巩固专科高职教育的主体地位，稳步发展高层次职业教育，从构建更加完整的职业教育体系层面强化职业教育的类型特色，探索形成纵向贯通、横向融通、职普协调和融通、多元立交的人才培养体系，对推动职业教育特色打造和特色人才培养具有十分重要的意义,也有利于更好地增强适应性,提高人才培养的结构质量。

《行动计划》围绕职业教育治理能力提升,从健全职业教育标准体系,完善办学质量监管评价机制和打造高素质专业化管理队伍等方面提出了贯彻实施要求,发挥标准在职业教育质量提升中的基础性作用,通过完善多元评价机制,不断提升职业院校治理能力,推动职业教育高质量发展。

在畅通国内大循环、打造开放的国内国际双循环的新发展格局下,教育、科研、人力资本、制度环境等因素在经济发展过程中的重要性日益凸显。《行动计划》旨在促进职业教育成为新发展格局的内生变量,为加快建设现代产业体系,增强国家重点产业、区域支柱产业核心竞争力提供有力支撑,为此,必须在落实《行动计划》、增强职业教育适应性上下功夫。

三、着力在落实《行动计划》、增强职业教育适应性上下功夫

2020年11月8日,教育部部长陈宝生在2020年职业教育活动周全国启动仪式暨全国职业院校技能大赛改革试点赛开幕式活动中强调,贯彻落实党的十九届五中全会精神,职业教育要在“五入”上下功夫,使职业教育“长入”经济、“汇入”生活、“融入”文化、“渗入”人心、“进入”议程,为“人人皆可成才、人人尽展其才”进一步创造条件。

《行动计划》从着力增强职业教育适应性,系统解决职业教育吸引力不强、质量不高问题出发,明确提出要构建“国家宏观管理、省级统筹保障、学校自主实施”管理机制。院校是基本人才培养组织,也是落实高质量发展、推动增强适应能力的基础。因此,必须系统谋划、务实行动,通过“五入”的协同联动为形成新发展格局奠定坚实基础,进一步激发我国职业教育发展的内生动力和外部合力,推动职业教育向企业社

会参与、专业特色鲜明的类型教育转变。

着力在深化产教融合、校企合作上下功夫。学校要充分利用国家支持产教融合的一系列政策举措，认真贯彻落实《国务院办公厅关于深化产教融合的若干意见》等一系列政策文件提出的优惠措施，用好行业指导委员会和产教融合型企业等资源，以主动谋互动、以互动谋合作、以合作促发展，推动学校广泛谋求合作支持、专业对接产业、课程对接岗位、教学过程对接生产过程等工作，真正实现教学与实践零距离、学生毕业与岗位工作零过渡，使人才培养与社会需要、行业需求适应对接。

扎实推进"三教"改革攻坚行动。"三教"改革固然需要外部环境，但关键在学校，学校在"三教"改革中完全可以大有作为。学校要充分利用"固定岗＋流动岗"的政策资源，积极构建专兼结合的结构化"双师型"创新教学团队，提高教师教学水平和能力。要充分利用信息技术加强教学手段和方法创新，要把握教材国家事权新要求，选用好和建设好教材，以"三教"改革的实际成效，在推动人才培养适应性上见成效。

切实提高学校信息化水平和教师信息化能力。特别是要以"信息技术＋"升级传统专业，及时发展数字经济催生的新兴专业，优化课程体系、丰富教学资源，推进泛在教学和线上线下相结合的混合式教学，以此推动人才培养模式变革，改进教学管理和学习考核，适应技术和产业变化，适应时代发展需要。

总之，增强适应性是职业教育提质培优行动计划必须抓住的关键点，我们应该科学理解、精准把握，并狠抓落实和推动。

（本文发表于《中国教育报》2021 年 2 月 23 日第 3 版）

落实立德树人根本任务

朱佩伦

2019年《国家职业教育改革实施方案》发布，为落实《实施方案》，2020年9月，教育部等九部门印发《职业教育提质培优行动计划(2020—2023年)》(教职成〔2020〕7号)，明确了10项重点任务，其中第一项为落实立德树人根本任务。立德树人作为职业教育提质培优行动计划的根本任务，是一个长期性、持续性的过程，旨在通过推动习近平新时代中国特色社会主义思想进教材、进课堂、进头脑，构建“三全育人”新格局，创新职业学校思想政治教育模式，推进职业教育高质量发展。

一、推动习近平新时代中国特色社会主义思想进教材、进课堂、进头脑

《实施方案》指出，没有职业教育现代化就没有教育现代化。坚持以习近平新时代中国特色社会主义思想为指导，把职业教育摆在教育改革创新和经济社会发展中更加突出的位置。

以习近平新时代中国特色社会主义思想特别是习近平总书记关于职业教育的重要论述武装头脑、指导实践、推动工作。加强党对教育事业的全面领导，全面贯彻党的教育方针，落实中央教育工作领导小组各项要求，保证职业教育改革发展正确方向。

推进理想信念教育常态化、制度化，落实《新时代爱国主义教育实施纲要》和《新时代公民道德建设实施纲要》，加强党史、新中国史、改革开放史、社会主义发展史教育和爱国主义、集体主义、社会主义教育。

当前，历史虚无主义和新自由主义不时沉渣泛起，在这样的背景下，将“四史”学习教育贯穿立德树人全过程，使广大学生了解历史，帮助学生树立正确的道德观、坚定理想信念、厚植人民情怀、报效社会国家。发挥“四史”学习教育育人作用，强化了学校育人的初心使命，为职业教育奠定了政治方向、明确了政治目标、提供了政治遵循。

将劳动教育纳入职业学校人才培养方案，设立劳动教育必修课程，统筹勤工俭学、实习实训、社会实践、志愿服务等环节系统开展劳动教育。习近平总书记在2018年全国教育大会上强调要“培养德智体美劳全面发展的社会主义建设者和接班人”。2020年3月，中共中央、国务院发布《关于全面加强新时代大中小学劳动教育的意见》，明确了全面构建体现时代特征的劳动教育体系的重要意义和内容要求。之后，教育部于7月7日印发《大中小学劳动教育指导纲要(试行)》，细化了该意见中的相关要求。劳动教育是新时代党和国家对教育事业的新要求，是中国特色社会主义教育制度的重要内容，是德智体美劳全面发展教育体系的重要有机组成部分，是新时代各高校都必须开展的教育实践活动。系统的劳动教育引导学生在具体的劳动实践中树立劳动最伟大、劳动最光荣的理念，练就过硬劳动本领，培育勤俭节约、艰苦奋斗的劳动精神，养成良好的劳动习惯和劳动品质，成为德智体美劳全面发展的社会主义建设者和接班人。

加强职业道德、职业素养、职业行为习惯培养，增强职业精神、工匠精神、劳模精神等。教育部印发的《高等职业教育创新发展行动计划(2015—2018年)》指出，加强以职业道德培养和职业素质养成为特点的高等职业教育学生思想政治教育工作，着力培养既掌握熟练技术又坚守职业精神的技术技能人才。

加强艺术类公共基础必修课程建设，强化实践体验，促进学生全面发展。教育部印发的《高等职业教育创新发展行动计划(2015—2018年)》指出，加强文化素质教育，坚持知识学习、技能培养与品德修养相统一，将人文素养和职业素质教育纳入人才培养方案，加强文化艺术类课程建设，完善人格修养，培育学生诚实守信、崇尚科学、追求真理的思想观念。贯彻落实《高等学校体育工作基本标准》，促进学生身心健康。

加强职业教育研究，加快构建中国特色职业教育的思想体系、话语体系、政策体系和实践体系。教育部、财政部印发的《关于实施中国特色高水平高职学校和专业建设计划的意见》(教职成〔2019〕5号)提出，围绕办好新时代职业教育的新要求，到2035年，一批高职学校和专业群达到国际先进水平，引领职业教育实现现代化，为促进经济社会发展和提高国家竞争力提供优质人才资源支撑。职业教育高质量发展的政策、制度、标准体系更加成熟与完善，形成中国特色职业教育发展模式。

二、构建职业教育"三全育人"新格局

落实立德树人根本任务，推进全员、全过程、全方位育人，培养德智体美劳全面发展的社会主义建设者和接班人是职业学校的立身之本，是实现高质量跨越式发展的必然要求。

加强党委对学校思想政治工作的全面领导，落实全员、全过程、全方位育人，引导职业学校全面统筹各领域、各环节、各方面的育人资源和育人力量，教育引导青年学生增强爱党爱国意识，听党话、跟党走。2019年4月4日，孙春兰副总理在全国深化职业教育改革电视电话会议上的讲话中强调，办好职业院校，关键在于学校党委书记和校长，各地要选好配强领导班子，书记、校长要懂教育特别是懂职业教育，有责任心，敢于担当。强化职业学校党委的领导统筹，加强党委班子建设，统筹育人力量，协调推进重点任务落实，为构建职业教育"三全育人"新格局提供坚强政治保障和组织基础。

引导专业课教师加强课程思政建设，将思政教育全面融入人才培养方案和专业课程。2019 年 8 月，中共中央办公厅、国务院办公厅发布的《关于深化新时代学校思想政治理论课改革创新的若干意见》指出，有的地方和学校对思政课重要性认识还不够到位，各类课程同思政课建设的协同效应有待增强。深化新时代学校思想政治理论课改革创新应坚持思政课在课程体系中的政治引领和价值引领作用，统筹大中小学思政课一体化建设，推动各类课程与思政课建设形成协同效应。教育部《高等学校课程思政建设指导纲要》（教高〔2020〕3 号）指出，全面推进课程思政建设是落实立德树人根本任务的战略举措，是全面提高人才培养质量的重要任务，要将课程思政融入课堂教学建设全过程。

构建三级培训体系，建立辅导员职务职级“双线”晋升通道，推动辅导员专业化、职业化发展。2017 年 9 月，《普通高等学校辅导员队伍建设规定》（中华人民共和国教育部第 43 号令）指出，辅导员是开展大学生思想政治教育的骨干力量，是高等学校学生日常思想政治教育和管理工作的组织者、实施者、指导者。高等学校应当制定专门办法和激励保障机制，落实专职辅导员职务职级“双线”晋升要求，推动辅导员队伍专业化、职业化建设。辅导员培训应当纳入高等学校师资队伍和干部队伍培训整体规划，建立国家、省级和高等学校三级辅导员培训体系。中共中央办公厅、国务院办公厅发布的《关于深化新时代学校思想政治理论课改革创新的若干意见》指出，可探索胜任思政课教学的党政管理干部转岗为专职思政课教师机制和办法，积极推动符合条件的辅导员参与思政课教学，建设一支政治强、情怀深、思维新、视野广、自律严、人格正的思政课教师队伍。

鼓励从企业中聘请劳动模范、技术能手、大国工匠、道德楷模担任兼职德育导师，建设一支阅历丰富、有亲和力、身正为范的兼职德育工作队伍。2019 年，教育部等四部门印发的《深化新时代职业教育“双师型”教师队伍建设改革实施方案》(教师〔2019〕6号)提出,以“四有”标准打造数量充足、专兼结合、结构合理的高水平双师队伍。培育引进一批行业有权威、有国际影响的专业群建设带头人,着力培养一批能够改进企业产品工艺、解决生产技术难题的骨干教师,合力培育一批具有绝技绝艺的技术技能大师。聘请行业企业领军人才、大师名匠兼职任教。通过加入兼职德育导师,建立一支全社会参与的德育队伍,使德育与智育有机结合,真正落实“三全育人”。

将党建和思想政治工作评价指标全面纳入学校事业发展规划、专业质量评价、人才项目评审、教学科研成果评估等。到2023年,培育200所左右“三全育人”典型学校,培育遴选100个左右名班主任工作室,遴选100个左右德育特色案例。《实施方案》指出,要充分发挥党组织在职业院校的领导核心和政治核心作用,牢牢把握学校意识形态工作领导权,将党建工作与学校事业发展同部署、同落实、同考评。

三、创新职业学校思想政治教育模式

当今正处于中国特色社会主义新时代,在思想政治教育上对职业院校提出了更高的要求。职业院校应从教育理念、内容、方法等各方面对思想政治教育模式进行全方位创新,以适应当前发展形势的变化和发展。

加强中职学校思想政治、语文、历史和高职学校思想政治理论课课程建设,开足、开齐、开好必修课程,按照规定选用国家统编教材。高职学校应当根据全日制在校生总数,严格按照师生比不低于1∶350的比例核定专职思政课教师岗位,中职学校要加大专职思政课教师配备力度。中共中央办公厅、国务院办公厅《关于深化新时代学校思想政治理论课改革创新的若干意见》指出,加强思政课教材体系建设,国家教材委员会统筹大中小学思政课教材建设,科学制定教材建设规划,注重提升思政课教材的政治性、时代性、科学性、可读性。加快壮大学校思政课教师队伍，各地在核定编制时要充分考虑思政课教师配备要求。高校要严格按照师生比不低于 1∶350 的比例核定专职思政课教师岗位。

实施职业学校党建和思政工作能力提升计划，开展德育管理人员、专职思政课教师培训。改革思政课教师考核办法，将政治素质作为教师考核第一标准。《中共中央 国务院关于全面深化新时代教师队伍建设改革的意见》指出，深化新时代教师队伍建设改革的基本原则之一就是突出师德。把提高教师思想政治素质和职业道德水平摆在首要位置，把社会主义核心价值观贯穿教书育人全过程，突出全员、全方位、全过程师德养成，推动教师成为先进思想文化的传播者、共产党执政的坚定支持者、学生健康成长的指导者。引导广大教师树立正确的历史观、民族观、国家观、文化观，坚定中国特色社会主义道路自信、理论自信、制度自信、文化自信。引导广大教师充分认识中国教育辉煌成就，扎根中国大地，办好中国教育。

遵循职业学校学生认知规律，开发遴选学生喜闻乐见的课程资源，因地制宜实施情景式、案例式、活动式等教法，建设学生真心喜爱、终身受益、体现职业教育特点的思政课程。2019 年 3 月，习近平总书记在学校思想政治理论课教师座谈会上指出，推动思想政治理论课改革创新，要不断增强思政课的思想性、理论性和亲和力、针对性，要坚持政治性和学理性相统一、价值性和知识性相统一、建设性和批判性相统一、理论性和实践性相统一、统一性和多样性相统一、主导性和主体性相统一、灌输性和启发性相统一、显性教育和隐性教育相统一。2019 年 8 月，中共中央办公厅、国务院办公厅《关于深化新时代学校思想政治理论课改革创新的若干意见》指出，大力推进思政课教学方法改革，提升思政课教师信息化能力素养，推动人工智能等现代信息技术在思政课教学中应用，建设一批国家级虚拟仿真思政课体验教学中心。

持续开展职业学校“文明风采”系列活动。充分挖掘和利用地方、企业德育教育资源，鼓励引导校企共建德育实践基地。中共中央办公厅、国务院办公厅《关于深化新时代学校思想政治理论课改革创新的若干意见》指出，坚持开门办思政课，推动思政课实践教学与学生社会实践活动、志愿服务活动结合，思政小课堂和社会大课堂结合，鼓励党政机关、企事业单位等就近与高校对接，挂牌建立思政课实践教学基地，完善思政课实践教学机制。制定关于加快构建高校思想政治工作体系的意见，办好思政课合力。

“十四五”期间，职业院校应紧紧围绕《中共中央关于制定国民经济和社会发展第十四个五年规划和二〇三五年远景目标的建议》关于“建设高质量教育体系”的要求，站在“培养什么人、怎样培养人、为谁培养人”的高度，承担为党育人、为国育才使命，落实立德树人根本要求，办好新时代中国特色社会主义高职院校，担负起培养德智体美劳全面发展的社会主义建设者和接班人的时代重任。

参考文献

[1] 李传欣.“三全育人”视域下高职院校育人模式研究[J].河南农业，2020(12):18-19.

[2] 张阳.以培养时代新人为指向的大学生劳动教育研究[J].新经济，2021(1):34-39.

[3] 孙金平.政治品德、社会公德、职业道德:高职院校立德树人内涵研究[J].高教学刊，2021(3):81-83.

[4] 张红梅.职业教育背景下高职思想政治教育模式创新探索[J].成都中医药大学学报(教育科学版)，2017(4):74-75.

[5] 范富.把立德树人的根本任务落实到位[N].太原日报，2021-01-05(7).

[6] 殷秀玲,刘书晓,张娜.坚持立德树人办好思政课[N].衡水日报,2021-01-01(3).

[7] 唐壮东.将“四史”教育贯穿高校立德树人全过程[N].广西日报,2021-01-04(6).

推进职业教育协调发展

张小敏

“十三五”以来,我国建成了世界规模最大的职业教育体系。2020年12月8日,教育部召开教育2020“收官”系列第三场新闻发布会,介绍“十三五”期间职业教育改革发展的总体情况:目前,全国共有职业院校1.15万所,在校生2857.18万人;中职招生600.37万,占高中阶段教育的41.70%;高职(专科)招生483.61万,占普通本专科的52.90%;全国职业院校共开设有1200余个专业和10余万个专业点,基本覆盖了国民经济各领域,每年培养1000万左右的高素质技术技能人才;在现代制造业、战略性新兴产业和现代服务业等领域,一线新增从业人员70%以上来自职业院校毕业生。“十四五”期间,我国在职业教育领域要做好三件大事,推进职业教育协调发展。

一、强化中职教育的基础性作用

把发展中职教育作为普及高中阶段教育和建设中国特色现代职业教育体系的重要基础。2014年《国务院关于加快发展现代职业教育的决定》(国发〔2014〕19号)指出,要“总体保持中等职业学校和普通高中招生规模大体相当”“巩固提高中等职业教育发展水平”。2017年,教育部、国家发展和改革委员会、财政部、人力资源和社会保障部四部门发布《高中阶段教育普及攻坚计划(2017—2020年)》,提出“普通高中与中等职业教育结构更加合理,招生规模大体相当”。强化中等职业教育基础地位是国家经济和社会发展的需要。

保持高中阶段教育职普比大体相当。鉴于国家要继续坚持实体为本，以促进实体经济发展为导向的大政方针，要坚持高中阶段职普比大体相当，高中后“半壁江山”的基本要求，努力巩固中等职业教育办学规模和水平。推动普职协调和特色发展的高中教育。落实地方各级人民政府发展高中阶段教育的主体责任，根据普通高中和中职学校（技工院校）课程改革、高考招生制度改革、选课走班等要求，因地制宜、科学合理确定本地区普通高中、中等职业学校生均公用经费标准，并建立动态调整机制。支持建设一批全国一流的特色高水平中职学校和专业（群）。系统设计中职考试招生办法，使绝大多数城乡新增劳动力接受高中阶段教育。建立职教高考制度，根据社会人才需求和技能型人才成长规律，完善职业学校毕业生直接升学和继续学习制度，推广“知识＋技能”的考试考查方式。把中等职业教育和职业专科教育、职业本科教育在内容上、培养上衔接起来，使任何职业院校的学生都可以通过职教高考制度，进入任何一所职业院校的任何专业学习。

全面核查中职学校基本办学条件，优化中职学校布局。认真贯彻落实好国家及地方等一系列调整中等职业教育布局结构的文件，实现以调整促优化、以服务促发展，整合办学资源、提升办学能力的目标。一是构建良好的发展生态环境。整合“空、小、散、弱”学校，优化中职学校布局。中央财政自2014年起就设立现代职业教育质量提升计划专项资金，支持地方建立职业院校生均拨款制度，改善中职学校基本办学条件，规范学校管理。中职教育领域中存在一些办学没优势、专业无特色、招生靠忽悠的学校，甚至还有无资质的中职学校。优化中职学校布局结构，围绕做大做强职业教育的目标，清查中职学校办学资质，清理“一校多牌”以及部分招生人数逐年下降、办学规模偏小、专业水平低下、特色不明显的中职学校。二是构建协调畅通的管理机制。优化中职学校布局结构，积极探索混合所有制、公办民助、民办公助、集团化办学等多种办学形式，进一步整合中等职业教育资源，进一步深化管理体制改革，打破部门、所有制限制。教育部、人力资源和社会保障部、财政部、发展和改革委员会、工业和信息化部、编制委员会办公室、农业农村部及其他有关部门对职业教育统筹管理,形成合力,建立完善的工作协调机制,通过布局调整,进一步理顺中职教育管理体制机制,促进职业教育资源优化配置。结合实际,鼓励各地将政府投入的职业教育资源统一纳入中职学校(含技工学校、县级职业教育中心等)调配使用,提高中职学校办学效益。

建立普通高中和中职学校合作机制,支持学校间课程互选、学分互认、资源互通。加快建立基于初中学业水平考试成绩、综合素质评价和职业院校考核评价相结合的招生机制。支持有条件的普通高中举办综合高中。继续积极稳步推进中职跨区域招生改革,设区市统筹安排中职学校跨县域招生计划。

加大“三区三州”等深度贫困地区的普职融通力度,发挥职业教育促进义务教育“控辍保学”作用。支持集中连片特困地区每个地市原则上至少建好办好1所符合当地经济社会发展需要的中职学校。

到2023年,中职学校教学条件基本达标,遴选1000所左右优质中职学校和3000个左右优质专业、300所左右优质技工学校和300个左右优质专业。

二、巩固专科高职教育的主体地位

“十三五”期间,我国先后启动了“高等职业教育创新发展行动计划”和“中国特色高水平高职学校和专业建设计划”。确立专科高职教育在职业教育中的主体地位,是我国职教事业发展中具有标志性意义的事件。在新发展格局背景下,办好公平有质量、类型特色突出的职业教育,提质培优、增值赋能、以质图强,加快推进职业教育现代化,既是高职教育领域解决人民日益增长的美好生活需要和不平衡不充分的发展之间矛盾的迫切需求,又是响应助力现代化经济体系建设的强烈诉求，同时肩负服务国家重大发展战略的时代担当。

不限制高职（专科）学校招收中职毕业生的比例，适度扩大专升本招生计划，为部分有意愿的高职（专科）毕业生提供继续深造的机会，包括高职扩招录取入学在内的全日制专科在校生，均可以参加统招专升本考试，考入全日制本科院校。中职毕业生可以通过多种通道升入普通高职院校，也可通过成人高考接受成人高等教育；普通高职院校应届毕业生可通过“专升本”升入普通本科，各类高职院校毕业生可通过成人“专升本”升入成人本科；普通高职院校毕业生工作 2 年后，可报考硕士研究生。2019 年 5 月，教育部等六部门印发《高职扩招专项工作实施方案》，推动各地落实职业学校毕业生在落户、就业、参加机关事业单位招聘、职称评审、职级晋升等方面与普通高校毕业生享受同等待遇。全日制专科学生，除享有优先报名应征、优先体检政审、优先审批定兵、优先安排使用四个优先政策，家庭按规定享受军属待遇外，还享受优先选拔使用、学费补偿和国家助学贷款代偿、退役后考学升学优惠、就业服务等政策。

推进专科高职学校高质量发展。遴选 300 所左右省域高水平高职学校和 600 个左右高水平专业群。扎实推进中国特色高水平高职学校和专业建设计划（以下简称“双高计划”），加强绩效考核与评价。“双高计划”支持基础条件优良、改革成效突出、办学特色鲜明的高职学校和专业群率先发展，发挥示范引领作用。29 个省份的 197 所单位入选。从专业布局看，此次遴选申报的 389 个专业群覆盖了 18 个高职专业大类，布点最多的五个专业大类分别是装备制造、交通运输、电子信息、财经商贸、农林牧渔。从产业布局看，服务面向战略性新兴产业的专业群有 113 个，面向现代服务业的 112 个，面向现代制造业的 100 个，面向现代农业的 32 个，其他 32 个。2020 年 12 月 21 日，教育部、财政部印发《中国特色高水平高职学校和专业建设计划绩效管理暂行办法》（以下简称《绩效管理办法》）（教职成〔2020〕8 号），将绩效评价结果为“双高计划”资金支持额度重要依据。《绩效管理办法》附件中包含“双高学校建设数据采集表”“高水平专业(群)建设数据采集表”“双高学校绩效自评报告(参考提纲)”“基于‘双高绩效目标实现贡献度’信息采集表”“基于‘高水平学校和专业群社会认可度’信息采集表”“基于‘地方政府(含举办方)重视程度’信息采集表”。这些附件作为最基础的作业文本,为双高学校开展绩效管理提供了指南。

建成一批高技能人才培养培训基地和技术技能创新平台。2019年5月,国务院办公厅印发《职业技能提升行动方案(2019—2021年)》,2019—2021年,持续开展职业技能提升行动,提高培训针对性实效性,全面提升劳动者职业技能水平和就业创业能力。3年共开展各类补贴性职业技能培训5000万人次以上,其中2019年培训1500万人次以上,经过努力,到2021年底,技能劳动者占就业人员总量的比例达到25%以上,高技能人才占技能劳动者的比例达到30%以上。各级人社部门积极发挥统筹协调作用,深入贯彻实施国家高技能人才振兴计划,各地结合区域经济发展、产业振兴发展规划和战略性新兴产业发展的需要,紧紧围绕十大振兴产业、战略性新兴产业和经济社会发展急需紧缺行业(领域),依托具备高技能人才培训能力的职业培训机构和城市公共职业技能实训基地,推动建设高技能人才培训基地和机构。

探索高职专业认证。专业认证是发达国家对高等教育进行专业评价的基本方式。某一专业通过专业认证,意味着其毕业生达到行业认可的标准。截至2018年底,全国共有227所高等学校的1170个专业通过了工程教育认证,分布于机械、化工与制药等21个工科专业类。通过专业认证,标志着这些专业的质量实现了国际实质等效,已进入全球工程教育的“第一方阵”。其他还包括师范类、医学类和工商管理类专业认证。今后将进一步探索高等职业教育专业认证,在高等职业教育专业认证或评估中,政府将进一步厘清职能边界,做到管、评分离,与专业认证机构在问责与独立性之间保持平衡，一方面，政府应将专业认证交给专业机构，不再列入权力清单，给予专业认证机构充分的自主权来履行职责；另一方面，专业认证机构须保持自身的边界，政府应避免过度依赖认证结论而致使决策简单化、机械化。

三、稳步发展高层次职业教育

把发展本科层次职业教育作为完善现代职业教育体系的关键一环，培养高素质创新型技术技能人才，畅通技术技能人才成长通道。

稳步推进本科层次职业教育试点。发展本科层次职业教育对全面建设现代职业教育体系意义重大，是实现职业教育“不同类型、同等重要”的重大举措。2019年，《国家职业教育改革实施方案》明确提出“开展本科层次职业教育试点”“推动具备条件的普通本科高校向应用型转变，鼓励有条件的普通高校开办应用技术类型专业或课程”。在此背景下，教育部允许一批高职学校试点开展本科层次职业教育。当前正在推进的工作主要有：一是教育部与山东省人民政府共同推进职业教育创新发展高地建设工作。支持山东以高水平职业教育本科专业建设为突破口，在进入“双高计划”的高职院校的骨干专业试办本科层次职业教育。二是扎实做好本科层次职业教育试点学校指导工作。为保证试点学校的职业教育属性和特色，掌握试点单位的建设进度和工作成效，指导试点学校办出特色和水平。三是研制《本科层次职业教育试点专业目录（试行）》《本科层次职业教育专业设置管理办法（试行）》，为推动本科层次职业教育高质量发展提供基本保障。下一步，将深入贯彻落实《实施方案》，积极做好发展本科层次职业教育工作，着力构建现代职业教育体系。一是配合全国人大加快《中华人民共和国职业教育法》修法步伐，为发展本科层次职业教育提供法理依据。二是研制本科层次职业学校设置标准，在研究“十四五”规划高校设置工作时，系统谋划“双高计划”高职学校举办本科层次职业教育工作。三是强化对各地各校本科层次职业教育试点工作指导,推动试点学校不断提高人才培养质量和办学水平,为进一步发展本科层次职业教育积累可复制推广的办学经验。四是积极推进与部分省份和城市联合打造职业教育创新发展高地、创新发展样板城市等工作,支持各地将开展本科层次职业教育作为职业教育创新发展的重要举措。截至2020年底,本科层次职业学校达27所,其中24所获教育部正式批准,3所已获教育部公示。27所院校中,民办院校22所,公办院校5所。

畅通技术技能人才成长通道。党的十八大以来,以习近平同志为核心的党中央始终高度重视产业工人队伍建设。近几年,党中央、国务院相继印发了《新时期产业工人队伍建设改革方案》《关于推行终身职业技能培训制度的意见》《关于提高技术工人待遇的意见》等一系列文件,为全面提高产业工人素质、提高技术工人待遇、发挥工匠人才作用做出了系统性制度安排。2018年9月,国家发展和改革委员会、教育部、中华全国总工会等11个部门联合印发《关于提升公共职业技能培训基础能力的指导意见》(发改就业〔2018〕1433号)。工业和信息化部会同人力资源和社会保障部制定《关于深化工程技术人才职称制度改革的指导意见》(人社部发〔2019〕10号),人力资源和社会保障部、财政部印发《关于全面推行企业新型学徒制的意见》(人社部发〔2018〕66号),教育部印发《教育部办公厅关于全面推进现代学徒制工作的通知》(教职成厅函〔2019〕12号),进一步深化产教融合、校企合作,通过健全制度体系、完善评价标准等措施,实现职称制度、职业资格制度有效衔接,畅通技术技能人才职业发展渠道。

推动具备条件的普通本科高校向应用型转变。推动本科高校向应用型转变是党中央、国务院重大决策部署,是教育领域人才供给侧结构性改革的重要内容。《中华人民共和国国民经济和社会发展第十三个五年规划纲要》明确提出推动具备条件的普通本科高校向应用型转变。《实施方案》进一步提出"一大批普通本科高等学校向应用型转变"的发展目标。近几年来，教育部通过部门协同、部省合作，持续推动转型改革向政策保障、深度转型、示范引领迈进。广东、河南等20多个省(区、市)印发了引导部分普通本科高校向应用型转变的文件，运用项目建设和试点遴选的方式，从简政放权、专业设置、招生计划、教师聘任等方面对试点高校给予支持，激发高校向应用型发展的内生动力与活力。300所地方本科高校参与改革试点，大多数是学校整体转型，部分高校通过二级学院开展试点。国家发展和改革委员会、教育部"十三五"期间实施教育现代化推进工程应用型本科高校建设项目，支持各省份推荐的100所应用型高校建设，中央预算内投资"十三五"期间对每所项目高校拟投入1亿元，推动项目高校将产教融合项目建设和学校转型深化改革相结合，切实把办学真正转到服务地方经济社会发展上来，转到产教融合、校企合作上来，转到培养应用型、技术技能型人才上来。国民经济和社会发展"十四五"规划提出分类建设一流大学和一流学科目标。

根据产业需要和行业特点，适度扩大专业学位硕士、博士培养规模，推动各地发展以职业需求为导向、以实践能力培养为重点、以产学研用结合为途径的专业学位研究生培养模式。专业学位是针对社会特定职业领域的需要，培养具有较强的专业能力和职业素养、能够创造性地从事实际工作的高层次应用型专门人才而设置的一种学位类型。专业学位与相应的学术学位处于同一层次，培养规格各有侧重。目前，我国已基本形成了以硕士学位为主，博士、硕士、学士三个学位层次并存的专业学位教育体系。硕士层次专业学位有金融硕士等40种，博士层次专业学位有口腔医学等6种，学士层次专业学位有建筑学1种。教育部、人力资源和社会保障部联合发布《关于深入推进专业学位研究生培养模式改革的意见》，明确改革目标。以职业需求为导向，以实践能力培养为重点，以产学结合为途径，建立与经济社会发展相适应、具有中国特色的专业学位研究生培养模式。改革招生制度，积极推进专业学位与学术学位硕士研究生分类考试、分类招生。完善培养方案，培养方案应合理设置课程体系和培养环节，加大实践性课程的比重。鼓励培养单位结合区域经济社会发展特点和自身优势，制订各具特色的培养方案。培养方案的制(修)订工作应有相关行(企)业专家参与。改进课程教学，着重考察研究生运用所学基本知识和技能解决实际问题的能力和水平。加强实践基地建设，培养单位应积极联合相关行(企)业，建立稳定的专业学位研究生培养实践基地。共同建立健全实践基地管理体系和运行机制，强化学位论文应用导向，培养单位应根据各专业学位研究生教育指导委员会意见，分类制定专业学位论文标准，规范专业学位论文要求。专业学位论文应与学术学位论文分类评阅。推进与职业资格衔接，推进专业学位研究生培养内容与特定职业人才工作实际有效衔接。国家按专业学位类别(或领域)制订博士、硕士专业学位基本要求，建立与特定职业岗位要求相适应的质量评价标准。鼓励开展联合培养。

参考文献

[1] 姜大源.再议中等职业教育的基础地位问题[J].中国职业技术教育，2018(25):5-9.

[2] 范唯，郭扬，马树超.探索现代职业教育体系建设的基本路径[J].中国高教研究，2011(12):62-66.

[3] 周建松.关于全面构建现代职业教育体系的思考[J].中国高教研究，2011(7):74-76.

[4] 徐国庆.确立职业教育的类型属性是现代职业教育体系建设的根本需要[J].华东师范大学学报(教育科学版)，2020(1):1-11.

[5] 中华人民共和国教育部.部门联动　推进职业教育提质培优增值赋

能——教育部职业教育与成人教育司负责人就《职业教育提质培优行动计划(2020—2023 年)》答记者问[EB/OL].(2020-09-29). http://www.moe.gov.cn/jyb_xwfb/s271/202009/t20200929_492324.html.

完善服务全民终身学习的制度体系

杜　泉

为贯彻落实《国家职业教育改革实施方案》,办好公平有质量、类型特色突出的职业教育,提质培优、增值赋能、以质图强,加快推进职业教育现代化,更好地支撑我国经济社会持续健康发展,教育部等九部门制定《职业教育提质培优行动计划(2020—2023年)》。重点任务"二、(三)完善服务全民终身学习的制度体系",可以由以下六个方面来推进。

一、推进国家资历框架建设

资历框架也称为学习成果框架。按经济合作与发展组织(2007)界定,它是一种用以对各种资历进行开发和分类的工具,是按照事先确定的一套标准对各级学习成果所应达到的程度或目标做出规定。欧盟(2008)认为,资历框架是对不同层级的资历从学习成果的角度做出描述,每个层级都有相应的学习成果标准,是以能力标准为本对全社会各类资历(包含各类学历文凭、证书和先前学习成果等)进行分类、分级、认定、衔接的一项新型资历制度。

资历框架是沟通普通教育、职业教育、高等教育、成人教育、继续教育和职业培训等各类教育的"立交桥"。随着经济社会发展,人们接受教育的途径除各种学历教育外,还有各种职业培训、继续教育等,资历框架就是各种途径学习成果互认的兑换工具。因此,资历框架是对全社会各类资历分类、分级、认定及衔接的顶层制度设计,经济越发达,对资历框架的需求越强烈。随着中国经济从高速增长转入高质量发展,社会变革对教育需求愈加强烈，学习型社会正在建立。从我国社会运行的整体来看，现行教育管理体制下，基础教育、高等教育、职业教育、成人教育、继续教育多头管理，条块分割；多种教育质量标准并存，水平参差不齐；教育与劳动力市场脱节，教育成果难以衔接。从社会个体来看，公民接受教育的途径日趋广泛，不仅有学历教育，还有各种其他类型的教育以及职业培训，受教育的时间也从以学历教育为主的青年时期延续到多种教育形式并存的中年甚至老年时期，即终身教育，这就带来了公民个体的各种学习成果如何累计、如何等值互认等问题，需要建立“学分银行”制度来积累和兑换学习成果。因此，资历认定已成为我国现阶段经济社会发展不可回避的问题，社会尤其是职业教育界对建立国家资历框架的呼声越来越高。借鉴国外资历框架建设的理论与实践经验，建立国际接轨、中国特色的国家资历框架，就成为当前国家职业教育改革的重要战略问题。

资历框架作为各种资历学习成果兑换的工具，必须首先确定兑换的标准，才能将各种资历的学习成果加以兑换。综观国内外资历框架，兑换的标准均指向“能力标准”，当然该能力是指广义的能力。例如，英国的国家资历框架(NQF)是一种包括初级和1—8级共9级的国家职业资格证书体系(NVQ)，其资历第3级的能力标准如下：具体掌握和应用知识、技能的能力；可以进入大学，可以独立工作，在某些情况下可以在自己的工作领域指导和培训其他人员。《广东终身教育资历框架等级标准》是实现普通教育、职业教育、培训及业绩成果纵横向贯通衔接的7级资历级别标准，参照了《欧盟资历框架等级描述》，从知识、技能、能力三个维度确立各等级的标准。可见，基于能力标准，确定衡量各类资历的通用等级标准是我国国家资历框架制定的首要任务。

二、推进学分银行建设

学分银行是一种模拟或是借鉴银行的功能特点，使学生能够自由选择学习内容、学习时间、学习地点的新型的学习管理系统和教育管理模式。它模拟、借鉴银行特点，以学分为计量单位，为每一名在学分银行注册的学习者建立个人终身学习档案，对学习者的各类学习成果进行认证，并进行学分的存储、积累和转换。

学分银行的主要内容为累积学分，突破传统的专业限制和学习时段限制，将技能培训与学历教育结合起来。学分银行制度将学生完成学业的时间从固定学习制改变为弹性学习制。根据学分银行制度，学生只要学完一门课就计一定的学分，参加技能培训、考证也计学分，然后按全部应得学分累积；同时，允许学生不按常规的学期时间进行学习，而是像银行存款零存整取一样，学习时间可集中也可中断，即使隔了几年，曾有的学习经历仍可折合成学分，存于学分银行中。

建立职业教育国家“学分银行”意义重大。学分银行不仅能及时、真实和完整记录学习成果和学习经历，还能通过科学、准确衡量人才成长发展程度和水平，有效促进人力资源开发，有力推动全民学习、终身学习的学习型社会建设和人力资源强国建设。可以说，学分银行建设涉及方方面面，利益相关者众多，不论是社会成员还是在校学生，都会关注学分银行将给自己的学习成长和职业生涯发展带来的利好。

建立职业教育国家学分银行，能够有效突破体制机制藩篱和门户之见，系统解决不同类型学习成果认定、积累和转换中的核心问题，畅通技术技能人才成长渠道，推进教育公平，完善评价机制，深化教育教学改革，落实立德树人根本任务和“三全育人”要求，是立足我国实际，探索制定符合国情的国家资历框架的必要路径，其将在完善职业教育教学相关标准，引导行业企业深度参与技术技能人才培养培训，促进职业院校加强专业建设、深化课程改革、提升教育教学质量等方面发挥重要作用，尤其在推动1+X证书制度试点工作的证书及标准制定、课程开发、信息平台和大数据分析等方面提供更为直接的支撑服务。

推行学习成果转换办法。有序开展学历证书和职业技能等级证书所体现的学习成果认定、积累和转换，规范建筑信息模型(BIM)职业技能等级证书与相关专业课程转换工作。

三、推进国家开放大学体系建设

国家开放大学是由中央广播电视大学和地方广播电视大学为基础组建的一个完整的教学和管理体系。国家开放大学的办学体系由总部、分部、地方学院、学习中心和行业、企业学院共同组成，是国家开放大学充分发挥系统优势和现代信息技术优势，实现办学网络立体覆盖全国城乡，为我国社会成员提供多样化继续教育服务和学习机会的重要保障。根据国家产业结构调整和行业继续教育发展需要，国家开放大学与相关部委、行业协会、企业合作，建立若干行业、企业学院，行业、企业学院下设若干学习中心。其主要职责如下：制定具体发展规划和政策，开发职业教育和企业培训类资源，充分利用国家开放大学学习资源，大力开展以提升职业能力为核心的各项非学历继续教育工作，为建设学习型行业、企业服务。

四、推进面向军队军士的学历继续教育

根据军队需要保证职业学校定向培养士官质量。支持国家开放大学办好面向军队军士的学历继续教育。2019年10月，《军队士官远程教育实施办法》出台。远程教育与自考、士官学校一样，同属于士官学历教育的一部分。文件提到，作为军事职业教育的重要组成部分，军队士官

远程教育是依托国家开放大学教育资源体系，利用现代远程教育手段，面向军队士官开展的学历继续教育；要坚持立德树人、姓军为战、质量为本、严格管理，为军队士官职业发展和成长成才提供高质量教育服务。

五、推进1+X证书制度

认真做好本区域经济行业发展调研，筛选适合区域产业发展需要的证书进行试点实践。将1+X证书作为产教融合的载体，充分利用国家实施1+X证书制度和建设一批产教融合型企业的契机，加强与培训评价组织、行业企业的紧密合作，与企业进行形式多样的协同育人，学校依据人才培养标准有效融合实施的多主体联动建设新时代技能型产业人才，进一步推动产业转型升级和为社会经济高质量发展提供有力支持。

联合第三方评价组织积极参与1+X等级证书全国中高职师资培训，构建与1+X证书制度匹配的培训师资队伍和课程内容，鼓励专业带头人和骨干教师深度参与培训，学校初期可引进第三方评价组织人员到学校做兼职教师，充分了解相关证书的培训目的、内容、考核要点。与多家行业认可度高的企业建立教师培训基地，落实轮训机制，切实提高教师实践能力。

1+X证书培训既针对在校学生，也针对社会学员，把区域行业企业认可的证书作为学校对外培训的载体，引导行业企业深度参与技术技能人才培养，使得他们的职业技能水平有效提升，提升培训与产业需求的契合度，职业院校要深化校企合作，面向行业企业技术人员，以继续教育培训、职业技能提升等形式广泛开展培训工作。

六、推进开展多种形式的继续教育和职业培训

充分利用职业院校拥有的广泛的资源推动不同社会群体的教育培训工作，积极开展社区教育、企业职工教育、农村成人教育、农民工培训等各类成人继续教育培训活动，允许学员通过线下和线上等形式完成学业，鼓励送教上门、送培到企、校企合作等形式，全面推行学分制、弹性学制和学习者自主选课等形式，减缓工学矛盾。制定继续教育教学、课程设置、教学实施、学生管理、学籍管理、专业转换、学费标准和数据统计等方面的制度，以保障学习者的学习权益和学习质量。

开展多种形式的职业培训，传统的学校教育不能代替企业培训，前者不能完全满足企业具体的知识和技能需求，培训内容需具有行业性、专业性和针对性，培训需基于能力提升、基于任务完成、基于问题解决，可以通过实战模拟、案例研讨、互动教学等培训手段，培养适合企业的人才。推进示范性职工培训基地建设，引导有条件的普通高校和职业学校参与企业大学建设。

重视开展面向现役和退役军人的继续教育，加强退役士兵职业教育和技能培训工作，通过培训，退役士兵取得相应学历证书或资格证书，掌握职业技能，提高退役士兵就业能力，切实提升现役军人的综合素质和退役军人的转业转岗素质。

积极参与社区教育和老年教育，建立社区教育示范基地和老年大学示范校。老年教育是社区教育的重要组成部分，积极推进老年人互助和学习组织的建立，普及先进理念、推广各类知识和技能，加强知识教育，实现“老有所学”“老有所教”。要帮助老年人转变观念，提高技能，使他们更顺利地适应退休生活和新的社会角色，增长文化知识，使未受过正式教育的老年人有机会学习文化知识，使已受过正式教育的老年人的文化知识得到更新。要针对不同知识层次的老年人提供差

异化的知识教育。加强技能教育,实现“老有所为”,建立老年人学习组织,增强老年人的归属感、成就感、人生价值的实现感,进一步可以让老年人的生命质量有所提高,生活体验更加快乐幸福,实现“老有所乐”。

着力开展“三农”全产业链技术培训,从而更好地解决“三农”问题,增强我国农业竞争力,构建社会主义和谐社会。具体可以通过加强相关环境与政策研究、建立多层次的面向农村投融资体系、建设中国农村信息高速公路等措施,通过开展有效需求分析、组建优质师资队伍、建设培训实践基地等方法加以落实。

参考文献

[1] 郭静.职业教育内涵发展与质量提升论坛综述[J].中国职业技术教育,2016(34):50-53.

[2] 王志远,祁占勇.我国职业教育制度研究热点及趋势分析[J].职业教育研究,2018(8):10-16.

[3] 江颖.我国学分银行的研究现状、焦点与展望——基于不同类型文献的分析[J].广东广播电视大学学报,2014(1):14-22.

[4] 赵宇红.我国学分银行制度建设的研究与构想——区域性继续教育领域中的思考[J].中国远程教育,2013(2):32-37.

[5] 潘俞颖.英国开放大学发展模式对我国建立开放大学的启示[D].成都:四川师范大学,2013.

[6] 洪亚丽.我国电大办学困境及转型研究[D].重庆:西南大学,2012.

[7] 唐以志.1+X证书制度:新时代职业教育制度设计的创新[J].中国职业技术教育,2019(16):5-11.

深化职业教育产教融合、校企合作

张小敏

产教融合、校企合作是我国职业教育发展的基本路径。2014 年，习近平总书记就加快发展现代职业教育做出重要指示，他强调，坚持产教融合、校企合作，坚持工学结合、知行合一，引导社会各界特别是行业企业积极支持职业教育。《国务院关于加快发展现代职业教育的决定》(国发〔2014〕19 号)要求："深化产教融合，鼓励行业和企业举办或参与举办职业教育，发挥企业重要办学主体作用。"2014 年，教育部联合国家发展和改革委员会、财政部等六部门出台了《现代职业教育体系建设规划(2014—2020 年)》(教发〔2014〕6 号)，强调把"坚持产教融合发展"作为现代职业教育发展的基本原则，建立健全产教融合、校企合作的体制机制。2015 年，教育部出台的《高等职业教育创新发展行动计划(2015—2018 年)》(教职成〔2015〕9 号)设计了一系列产教融合、校企合作的重点项目，如校企共建的生产性实训基地建设、骨干职业教育集团建设、以市场为导向多方共建应用技术协同创新中心、开展现代学徒制试点等，不断深化校企合作。产教融合、校企合作已成为我国职业院校的基本共识和普遍行动。深化产教融合，促进教育链、人才链、产业链、创新链有机衔接，是新时代教育服务经济社会发展和民族振兴的战略性路径，也是加强科技创新体制机制建设和全民终身学习教育制度建设的战略性举措。

一、深化职业教育供给侧结构性改革

当前职业教育供给侧矛盾主要体现在学校培养的人才与产业发

展的不匹配上。职业教育供给侧结构性改革的核心任务是科学预测人才需求,职业教育要素配置合理化,满足经济转型发展中城市乡村发展需求,实现职业教育的可持续发展。

建立产业人才数据平台,发布产业人才需求报告,促进职业教育和产业人才需求精准对接。产业人才需求预测是职业教育精准发力的基础。2020年4月21日,工信部印发《产业人才需求预测工作实施方案(2020—2022年)》。主要目标是到2020年,覆盖"两个强国"重点领域的产业人才大数据平台初步建立,有力支撑集成电路、航空工业、智能制造、工业互联网、智能网联汽车、人工智能、关键软件、区块链等重点领域人才需求预测工作取得新突破,产业和人才融合发展的工作体系更加完善。到2022年,技术先进、动态监测、预测科学、开放共享的产业人才大数据平台基本建成,有效支撑新一代信息通信技术、高端装备制造、生物医药、新材料等"两个强国"重点领域人才需求预测工作。主要任务包括:建设产业人才大数据平台,形成重点行业(领域)分类目录、企业目录;编制产业人才需求预测报告。结合本产业发展规划,以《产业人才需求预测报告编写指南》为总体框架,组织编制产业人才需求预测报告;加强成果运用。支持和鼓励通过举办行业峰会、人才发展论坛等方式,及时发布产业人才需求预测报告、紧缺人才需求目录等成果,强化成果运用。

研制职业教育产教对接谱系图,指导优化职业学校和专业布局,重点服务现代制造业、现代服务业和现代农业。当前职业教育还存在校企合作"一冷一热""教学过程与生产过程对接流于形式"等问题。2010年,教育部印发《中等职业学校专业目录(2010年修订)》的通知,强调职业教育五个对接,即专业与产业、企业、岗位对接,专业课程内容与职业标准对接,教学过程与生产过程对接,学历证书与职业资格证书对接,职业教育与终身学习对接,努力构建与产业结构、职业岗位对接的专业体系。2017年《国务院办公厅关于深化产教融合的若干意见》提出建立紧密对接产业链、创新链的学科专业体系。大力发展现代农业、智能制造、高端装备、新一代信息技术、生物医药、节能环保、新能源、新材料以及研发设计、数字创意、现代交通运输、高效物流、融资租赁、电子商务、服务外包等产业急需紧缺学科专业。积极支持家政、健康、养老、文化、旅游等社会领域专业发展,推进标准化、规范化、品牌化建设。加强智慧城市、智能建筑等城市可持续发展能力相关专业建设。大力支持集成电路、航空发动机及燃气轮机、网络安全、人工智能等事关国家战略、国家安全等的学科专业建设。适应新一轮科技革命和产业变革及新经济发展,促进学科专业交叉融合,加快推进新工科建设。建立专业建设与产业发展供求关系谱系图,形成依据产业发展设置和动态调整专业的方法体系,对接现代产业体系,打造高水平专业群,有效提升学校专业群服务高端产业的能力。按职业标准开发课程标准,学业对接就业,构建新课程体系。推动依据国家战略和区域产业发展需求、专业建设水平、就业质量等合理规划引导专业设置,建立退出机制。

遴选建设一批产教融合型城市,推动试点城市建设开放型、共享型、智慧型实训基地。产教融合型城市试点是基础节点,2019 年 9 月 25 日,国家发展和改革委员会、教育部等六部门印发《国家产教融合建设试点实施方案》。该实施方案明确,通过五年左右的努力,试点布局 50 个左右产教融合型城市,在试点城市及其所在省域内打造一批区域特色鲜明的产教融合型行业,在全国建设培育 1 万家以上的产教融合型企业,建立产教融合型企业制度和组合式激励政策体系。试点城市要充分发挥城市承载、行业聚合、企业主体作用,重点在完善发展规划和资源布局、推进人才培养改革、降低制度性交易成本、创新重大平台载体建设、探索发展体制机制创新等方面先行先试。有条件的地方要以新发展理念规划建设产教融合园区。健全以企业为重要主导、以高校为重要支撑、以产业关键核心技术攻关为中心任务的高等教育产教融合创新机制。要落实组合投融资等政策激励。中央预算内投资支持试点城市自主规划建设产教融合实训基地,优先布局建设产教融合创新平台。强化产业和教育政策牵引,允许符合条件的试点企业在岗职工以工学交替等方式接受高等职业教育,支持有条件的企业校企共招、联合培养专业学位研究生。探索建立体现产教融合发展导向的教育评价体系,支持高职院校、应用型本科高校、“双一流”建设高校等各类院校积极服务、深度融入区域和产业发展,推进产教融合创新。试点建设首批国家产教融合型城市的省、自治区、直辖市有天津市、河北省、辽宁省、上海市、江苏省、浙江省、安徽省、福建省、江西省、山东省、河南省、湖北省、湖南省、广东省、广西壮族自治区、四川省、陕西省、新疆维吾尔自治区,计划单列市有宁波市、青岛市、深圳市。

加大对农业农村等人才急需领域的职业教育供给,建设100所乡村振兴人才培养优质校,发挥好“国家级农村职业教育和成人教育示范县”等在服务乡村振兴战略中的重要作用。2013年1月,教育部、科技部等部门决定利用5年时间,创建300个国家级农村职业教育和成人教育示范县,目标是紧紧围绕教育规划纲要确定的战略目标和任务要求,通过示范县创建活动,落实县级政府发展职业教育和成人教育的责任,强化职业教育和成人教育资源的统筹协调与综合利用,深化改革创新,提升农村职业教育和成人教育基础能力,为县域经济社会发展、产业发展提供人才支撑。树立一批农村职业教育和成人教育典型,充分发挥示范县引领辐射作用,推动全国农村职业教育和成人教育改革发展。2019年,农业农村部联合教育部启动“百万高素质农民学历提升行动计划”,广泛动员涉农院校创新人才培养方式,加大人才培养力度,利用5年时间培养100万名具有较高学历的乡村振兴带头人,打造100所左右乡村振兴人才培养优质校,全面提升农业农村人才培养质量。推介人才培养优质校,按照“广泛推荐、优中选优、引领示范”的原则遴选优质教育资源,畅通农民学历教育发展通道,有利于推进涉农院校人才培养改革，用优质院校培养优质人才，在涉农院校中树立产业办学导向，示范带动涉农院校创新体制机制，突破传统学校围墙内办学的局限，真正实现产业链上培养人、生产实践中培养人，形成贴近农业农村的人才培养新局面。2021 年 2 月 23 日，中共中央办公厅、国务院办公厅印发了《关于加快推进乡村人才振兴的意见》。其目标任务是，到 2025 年，乡村人才振兴制度框架和政策体系基本形成，乡村振兴各领域人才规模不断壮大、素质稳步提升、结构持续优化，各类人才支持服务乡村格局基本形成，乡村人才初步满足实施乡村振兴战略基本需要。加快培养农业生产经营人才、农村二三产业发展人才、乡村治理人才和农业农村科技人才。

二、深化校企合作协同育人模式改革

近年来，教育部积极引导行业企业参与职业教育，制定了《关于充分发挥行业指导作用推进职业教育改革发展的意见》《关于深入推进职业教育集团化办学的意见》《关于开展现代学徒制试点工作的意见》等，完善相关制度，推动行业企业和职业院校合作办学、协同育人，提升职业院校办学活力和人才培养质量。

建好用好行业职业教育教学指导委员会，提升行业举办和指导职业教育的能力。2011 年，教育部印发《关于充分发挥行业指导作用 推进职业教育改革发展的意见》，明确了行指委是行业主管部门、行业组织牵头组建的职业教育专家组织；要充分发挥行业在人才供需、职业教育发展规划、专业布局、课程体系、评价标准、教材建设、实习实训、师资队伍、企业参与、集团办学等方面的指导作用。截至 2018 年，经过三次大的调整、换届等，形成 56 个行指委，3000 余位委员，涉及的行业基本覆盖了国民经济行业分类中的所有门类，覆盖了中高职 95%的专业，形成了教育行政部门、行业主管部门、行业组织、企事业单位、职业院校合力共同推进职业教育改革发展的良好局面。2019年启动《教育部办公厅关于推荐全国行业职业教育教学指导委员会(2020—2024年)委员的通知》,新一届拟设置55个行指委。新一届行指委的主要职能包括:开展本行业人才需求预测分析,提出本行业技术技能人才培养的职业素质、知识和技能要求,指导职业院校教师、教材、教法改革,参与职业教育教学标准体系建设,开展产教对话活动,指导推进校企合作、职教集团建设,指导实训基地建设,指导职业院校技能竞赛,组织课题研究,实施教育教学质量评价,培育和推荐优秀教学成果,组织本行业相关专业教学经验交流活动,等等。

支持职业学校根据自身特点和人才培养需要,主动与具备条件的企业在人才培养培训、技术创新、就业创业、社会服务、文化传承等方面开展合作。2018年2月5日,教育部等六部门印发了《职业学校校企合作促进办法》,明确了校企合作是指中、高等职业学校和企业在实施职业教育过程中通过共同育人、合作研究、共建机构、共享资源等方式实施的合作活动;提出要建立校企主导、政府推动、行业指导、学校企业双主体实施的合作机制;规定了校企合作组织形式、主体资质、合作形式、各方权责、协议内容、过程管理等内容。它还明确了校企可以结合实际开展九种形式的合作:一是合作开办专业,共同研发专业标准、课程体系、教学标准,共同开发教材和教学辅助产品,共同开展专业建设;二是合作制订人才培养方案、职工培训方案,在学生生产性实训、顶岗实习、就业创业、教师企业实践、企业职工培训、企业技术和产品研发、成果转移转化等方面相互提供支持;三是合作开展学徒制培养。根据企业实际与发展需求,合作设立学徒岗位,联合招收学员,共同确定培养方案,按照工学结合模式,实行校企双主体育人;四是以多种形式合作办学,合作创建并共同管理教学和科研机构,建设实习实训基地、技术工艺和产品开发中心以及学生创新创业、员工培训、技能鉴定等机构;五是合作开展专业建设、人才培养、就业创业等质量评价工作,共建评价标准；六是合作研发岗位规范、质量标准等；七是合作开展技能竞赛、产教融合型企业建设试点、优秀企业文化传承和社会服务等活动；八是合作创建产教联盟、职业教育集团、股份制二级学院；九是企业经营管理和技术人员与职业学校管理人员、教师相互兼职。

支持国有企业和大型民营企业举办或参与举办职业教育，将企业办学情况纳入企业社会责任报告。目前职业教育市场主要以 IT 技术类、驾校类、公务员考试类和会计及财经类为主。这些领域的市场规模都在百亿以上，成长空间巨大，主要特点如下：属于从业刚需，培养效果可见，垂直领域细分化，课程技术结合紧，都是当下环境就业或出行需求较大的领域。其中，综合职业教育服务商——中国东方教育和中公教育是职业教育领域两家规模最大的企业，目前两者市值分别为 370 亿港元（约 308 亿元人民币）和 2236 亿元人民币。企业社会责任（corporate social responsibility，CSR），是指企业在其商业运作里对其利害关系人应负的责任。企业社会责任的概念是基于商业运作必须符合可持续发展的想法，企业除了考虑自身的财政和经营状况外，也要加入其对社会和自然环境所造成的影响的考量。近些年来，各地纷纷出台了区域性的校企合作促进条例和办法，逐渐对企业承担的责任有了较为明确的描述。2015 年 5 月，《广西职业教育校企合作促进办法（试行）》中明确企业要承担的社会责任包括：接纳职业院校学生实习和教师实践，鼓励企业技术人员到职业院校兼任教师，提取职工教育经费进行职业技术技能培训和继续教育，建立职工培训制度，通过委托形式对本单位职工实施教育培训，为职业院校提供资助和捐赠等。这是职业教育的相关政策规定中有关企业履行社会责任较为全面的呈现。2015 年 11 月，《江西省职业教育校企合作促进办法》第一次明确了由县级以上工业和信息化、国资部门负责将企业开展职业教育的情况纳入企业社会责任报告，并“联合教育、人力资源社会保障等部门定期开展校企合作运行情况检查评估”。

支持行业领军企业主导建设全国性职教集团，分领域建设服务产业高端的技术技能人才标准和培养高地。2019 年 9 月 30 日，教育部发布《关于开展示范性职业教育集团（联盟）建设的通知》，示范性职业教育集团（联盟）建设工作将坚持以选促建、示范带动，鼓励在先行先试、改革创新中探索新经验、新模式，培育和建设一批有特色、成规模的职业教育集团；坚持共建共享、内涵发展，集聚集团内各类资源，鼓励集团内校企间、院校间、企业间、区域间合作共赢；坚持分类指导、客观公正，针对不同区域、不同层次、不同类型特点分类指导，发挥全国职业教育集团化办学统计与公共服务平台（以下简称“统计平台”）作用，做出客观公正评价。经有关部门批准备案，成立三年以上的职业教育集团，在统计平台上填报的 2016—2018 年信息基本完备的，可以申报参选。牵头多个职业教育集团的单位，原则上只能申报一个集团参选。2019 年选择培育建设 150 个左右的示范性职业教育集团（联盟），2020 年再建设 150 个左右。

全面推行现代学徒制和企业新型学徒制，鼓励企业利用资本、技术、知识、设施、设备和管理等要素参与校企合作。2015 年、2016 年，人社部与财政部先后分两批在 22 个省启动了企业新型学徒制试点工作。试点企业共 158 家，培养新型学徒制企业职工近 2 万人，其中转岗职工 3670 人以上，涉及机械、化工、电气、汽修、数控、焊接等近百个工种。2018 年 10 月 12 日，人社部、财政部共同印发了《关于全面推行企业新型学徒制的意见》，该意见明确企业新型学徒制要按照政府引导、企业为主、院校参与的原则，在企业（含拥有技能人才的其他用人单位）全面推行以“招工即招生、入企即入校、企校双师联合培养”为主要内容的企业新型学徒制，进一步发挥企业主体作用，通过企校合作、工学交替方式，组织企业技能岗位新招用和转岗等人员参加企业新型学徒培训，促进企业技能人才培养，壮大发展产业工人队伍，努力形成政府激励推动、企业加大投入、培训机构积极参与、劳动者踊跃参加的职业技能培训新格局,2021 年起,继续加大工作力度,力争年培训学徒 50 万人左右。

培育数以万计的产教融合型企业,建立覆盖主要专业领域的教师企业实践流动站,依托国有企业、大型民企建立 1000 个左右示范性流动站。发挥职教集团推进企业参与职业教育办学的纽带作用,打造 500 个左右实体化运行的示范性职教集团(联盟)、100 个左右技工教育集团(联盟)。推动建设 300 个左右具有辐射引领作用的高水平专业化产教融合实训基地。

三、完善校企合作激励约束机制

现有校企合作激励约束机制有待完善,国家有关部门制定支持公办院校利用现有资源与企业开展深度合作,开展股份制、混合所有制办学相关政策,提高职业院校办学自主权,激发企业参与的主动性,对参与职业教育企业提供财税扶持政策。同时,进一步完善产教融合型企业的认证范围和条件,鼓励更多企业参与职业教育,并将其纳入产教融合型企业培育范围,使其享有相应的政策支持。

健全以企业为重要主导、职业学校为重要支撑、产业关键核心技术攻关为中心任务的产教融合创新机制。《国务院办公厅关于深化产教融合的若干意见》提出要强化企业重要主体作用。从六个方面健全企业主导、职业学校支撑的产教融合创新机制。一是拓宽企业参与途径。鼓励企业以独资、合资、合作等方式依法参与举办职业教育、高等教育。坚持准入条件透明化、审批范围最小化,细化标准、简化流程、优化服务,改进办学准入条件和审批环节,鼓励有条件的地区探索推进职业学校股份制、混合所有制改革,允许企业以资本、技术、管理等要素依法参与办学并享有相应权利。二是深化"引企入教"改革。支持引导企业深度参与职业学校、高等学校教育教学改革。三是开展生产性实习实训。健全学生到企业实习实训制度,吸引优势企业与学校共建共享生产性实训基地。四是以企业为主体推进协同创新和成果转化,加快基础研究成果向产业技术转化。五是强化企业职工在岗教育培训。鼓励企业向职业学校、高等学校和培训机构购买培训服务。六是发挥骨干企业引领作用,鼓励区域、行业骨干企业联合职业学校、高等学校共同组建产教融合集团(联盟),带动中小企业参与,支持有条件的国有企业继续办好做强职业学校。

围绕关键核心技术,推动公共教学资源和实训资源共建共享。支持行业组织积极参与产教融合建设试点项目。行业试点是重要支点,就是要推动产教融合在特定领域集聚发展,更好地落实教育、人才政策和产业政策组合叠加。在试点城市及其所在省域内打造一批区域特色鲜明的产教融合型行业,主要是为促进建设试点与区域经济结构调整、产业转型升级紧密结合,通过深化产教融合改革,助力战略性新兴产业集群发展和地方优势特色产业集聚发展。原则上每个试点城市及其所在省域至少选择三至五个行业开展试点,推动行业组织、产业政策更好融入产教融合改革,为地方产业发展提供精准助力。

对纳入产教融合型企业建设培育范围的试点企业,兴办职业教育的投资符合规定的,可按投资额的30%抵免当年应缴教育费附加和地方教育附加。近年来,中国人民银行出台了一系列支持包括参与职业教育企业在内的中小民营企业发展的政策文件。2015年,《中国人民银行办公厅关于做好2015年信贷政策工作的意见》(银办发〔2015〕72号)要求金融机构加大对职业教育等创业就业领域的金融支持。人民银行鼓励金融机构创新金融产品和服务,开展专利权、知识产权质押和应收账款等动产质押业务,努力拓宽参与校企合作企业抵质押担保方式,在有效防范风险和商业可持续的前提下支持更多企业参与校企合作。2019年4月3日,国家发展和改革委员会、教育部发布《建设产教融合型企业实施办法(试行)》,明确按照政府引导、企业自愿、平等择优、先建后认、动态实施的基本原则建设产教融合型企业。办法自发布之日起施行。根据办法，我国将重点建设培育主动推进制造业转型升级的优质企业，现代农业、智能制造、高端装备、新一代信息技术、生物医药、节能环保等急需产业领域企业，以及养老、家政、托幼、健康等社会领域龙头企业。优先考虑紧密服务国家重大战略、技术技能人才需求旺盛、主动加大人力资本投资、发展潜力大、履行社会责任贡献突出的企业。国务院总理李克强于2019年4月3日主持召开国务院常务会议，确定2019年降低政府性收费和经营服务性收费的措施，决定从2019年7月1日起，对产教融合试点企业兴办职业教育符合条件的投资，落实按投资额30%抵免当年应缴教育费附加和地方教育附加的政策。按月纳税的月销售额或营业额不超过10万元缴纳义务人免征教育费附加。增值税小规模纳税人可以在50%的税额幅度内减征教育费附加。重点群体创业就业定额依次扣减教育费附加。自主就业退役士兵创业就业限额依次扣减教育费附加，增值税期末留抵退税额允许在教育费附加的计税(征)依据中扣除。

充分发挥市场配置资源作用，鼓励地方开展混合所有制、股份制办学改革试点，推动各地建立健全省级产教融合型企业认证制度，落实“金融＋财政＋土地＋信用”的组合式激励政策。积极探索混合所有制职业院校法人产权制度，引导国有资本、集体资本和境内外非公有资本等与职业院校双向进入、相互融合，整合汇聚优质资源，以股份制、混合所有制等形式明确职业院校法人财产权；加强现代职业学校制度建设，建立以学校章程为办学基础、与多元化办学产权结构相适应的现代职业学校治理结构，健全由政府、行业、企业、社会团体或个人、教职工代表等多方参与的理事会或董事会，全面推动职业院校治理体系和治理能力现代化。2018年9月，教育部职业教育与成人教育司、教育部职业技术教育中心研究所联合发布《关于征集培育一批产教融合型企业的公告》(教职所〔2018〕145号)，面向社会公开征集培育一批产教融合型企业。该公告发布后,征集到了近300家企业的申报书,设产教融合型企业,采用“先建后认”的后评价实施路径,鼓励各类企业积极参与,先行先试,充分调动全社会参与积极性。国家发展和改革委员会、教育部等将组织各地结合开展国家产教融合建设试点,通过建设培育积累总结经验,在此基础上厘清产教融合型企业界定方法、程序、范围,制定相关认证标准和评价办法,指导省级政府出台具体认证实施办法,同时积极支持开展对产教融合型企业的第三方评价。按照动态实施要求,进入认证目录的企业,每3年应进行资格复核,引导企业持续滚动开展建设工作。认证为产教融合型企业的,给予“金融+财政+土地+信用”组合式激励。金融与财政支持产教融合势必对应的是不同的方式。金融机构支持产教融合会以回款偏中短期的项目为主,包括政府与企业共建的教育基础设施和系统建设项目,职业培训类的项目,以及对在职人士进行学费支持的消费信贷服务等。而财政会从更高层面来统筹教育资源,包括以政府付费和直接投资模式建设相关项目,针对企业和院校的产教融合经费补贴,以及贫困生补贴等。在财政专项资金方面,除预算内教育支出和统筹政策性银行资金外,预计未来也会有部分项目以专项债券形式进行融资。

参考文献

[1] 中华人民共和国教育部. 教育部2021年工作要点[EB/OL]. (2021-02-03). http://www.moe.gov.cn/jyb_sjzl/moe_164/202102/t20210203_512419.html.

[2] 中华人民共和国教育部. 教育部对十二届全国人大五次会议第8833号建议的答复[EB/OL]. (2017-12-13). http://www.moe.gov.cn/jyb_xxgk/xxgk_jyta/jyta_zcs/201712/t20171213_321279.html.

[3] 中华人民共和国教育部. 全国共有职业学校1.15万所　职业教育进入

高质量发展新阶段[EB/OL].(2020-12-09). http://www.moe.gov.cn/fbh/live/2020/52735/mtbd/202012/t20201209_504266.html.

[4] 中华人民共和国教育部.职业教育“五个对接”[EB/OL].(2012-09-03). http://www.moe.gov.cn/jyb_xwfb/moe_2082/s6236/s6811/201209/t20120903_141507.html.

[5] 马树超.产教融合:从示范到优质院校建设的主线[J].职教论坛,2017(1):32-35.

[6] 石伟平,郝天聪.产教深度融合 校企双元育人:《国家职业教育改革实施方案》解读[J].中国职业技术教育,2019(7):93-97.

[7] 周建松,陈正江.基于学校发展系统的高职院校产教融合实现路径[J].教育与职业,2019(5):31-35.

[8] 郭福春,王玉龙.规模、结构、质量、政策:高等职业教育供给侧结构性改革的四重维度分析[J].黑龙江高教研究,2019(3):39-43.

健全职业教育考试招生制度

金恩芳

2019年,国务院印发《国家职业教育改革实施方案》,为进一步落实《实施方案》和切实推进职业教育改革,2020年9月,教育部等九部门印发《职业教育提质培优行动计划(2020—2023年)》,明确了10项重点任务,其中第五项为健全职业教育考试招生制度(以下简称"健全招生制度")。健全招生制度是实施职业教育提质培优行动的重要举措,强调深化职业教育考试招生改革,引导不同阶段教育协调发展、合理分流,为学生接受高等职业教育提供多种入学方式,旨在进一步充实职业教育基础力量,畅通职业教育的生源输入渠道,为后续的人才培养奠定坚实的基础。

一、健全高职分类考试招生制度

考试招生是职业教育的"入口端",入口端改革要强化职业教育类型特征。高职分类考试招生与普通高等教育考试招生机制不同,其选取适合技能型人才进行培养。《行动计划》要求建立健全省级统筹的高职分类考试招生制度,进一步完善和规范职业教育考试招生制度。《实施方案》中进一步强调完善招生机制,建立中等职业学校和普通高中统一招生平台,精准服务区域发展需求。

建立健全省级统筹的高职分类考试招生制度。党的十八届三中全会对考试招生制度改革做出了全面部署,国务院下发了《国务院关于深化考试招生制度改革的实施意见》,要求加快推进高职院校分类考试,2015年通过分类考试录取的学生占高职院校招生总数的一半左右，2017 年分类考试招生成为主渠道。高职分类考试招生是普通高校考试招生制度改革的重要组成部分，属于国家教育考试。通过高职分类考试招生录取的考生，在学籍管理以及就业等方面，与通过普通高校统一考试招生录取的考生享受同等待遇。2019 年 5 月，教育部发布《高职扩招专项工作实施方案》，提出要根据技术技能专业人才培养要求，针对不同群体考生特点，分类确定录取标准，择优录取。

完善高职教育招生计划分配和考试招生办法，每年春季省级教育行政部门统一组织开展以高职学校招生为主的分类考试。为切实做好普通高职（专科）招生计划管理，促进专科层次高等职业教育健康发展，落实《国家教育体制改革领导小组办公室关于进一步扩大省级政府教育统筹权的意见》和《教育部职能转变方案》工作部署，从 2016 年起分地区、分部门所属高校普通高职（专科）招生计划审批权下放至各省级教育行政部门和有关部门（单位），进一步明确了省级主管部门自主确定高职（专科）教育发展目标、规划和工作重点并组织实施，研究制定所属高校高职（专科）招生计划管理办法。

分类考试录取的学生不再参加普通高考。保留高职学校通过普通高考招生的渠道，保持分类考试招生为高职学校招生的主渠道。2013 年，《中共中央关于全面深化改革若干重大问题的决定》提出，深化考试招生制度改革，推进职业院校分类考招或注册入学，探索考试和招生相对分离。教育部在《现代职业教育体系建设规划》中又一次指出，职教要建立有自身特点的考试招生制度。随后，国务院颁布《关于深化考试招生制度改革的实施意见》，提出高职院校考试招生与普通高校相对分开。经过几年的调研筹备、试点运行和全国推广，2018 年全国大部分省份进入了高考新时代。2019 年 1 月，国务院颁布《国家职业教育改革实施方案》，明确提出建立“职教高考制度”。

二、规范职业教育考试招生形式

高校招生考试是教育体系中的一个重要环节，对高等学校人才培养具有基础性作用，对基础教育具有导向性功能。《实施方案》要求建立“职教高考制度”，完善“文化素质＋职业技能”的考试招生办法，提高生源质量，为学生接受高等职业教育提供多种入学方式和学习方式。在学前教育、护理、养老服务、健康服务、现代服务业等领域，扩大对初中毕业生实行中高职贯通培养的招生规模。

鼓励中职毕业生通过高职分类考试报考高职学校。推动各地将技工学校纳入职业教育统一招生平台。2011年，教育部出台《关于推进中等和高等职业教育协调发展的指导意见》，强调“完善职业学校毕业生直接升学和继续学习制度”。教育部、国家发展和改革委员会等六部门联合发布《现代职业教育体系建设规划(2014—2020年)》，规划第四点的第七条提到“加强中高职衔接。推进中等与高等职业教育培养目标、专业设置、课程体系、教学过程等方面的衔接”。

鼓励退役军人、下岗职工、农民工和高素质农民等群体报考高职学校，可免予文化素质考试，只参加学校组织的与报考专业相关的职业适应性测试或职业技能测试。2019年，国家首次明确高职院校扩招百万，教育部等六部门联合印发《高职扩招专项工作实施方案》，明确指出高职院校扩招要面向退役军人、下岗失业人员、农民工和新型职业农民等群体，最终完成招生116万人。同年，孙春兰副总理在全国深化职业教育改革电视电话会议上的讲话中提到，在解决生源问题的同时，也要针对不同群体的特点，制定切合实际的招生办法和培养途径。2020年5月22日，李克强总理在《政府工作报告》中指出：“今明两年职业技能培训3500万人次以上，高职院校扩招200万人，要使更多劳动者长技能、好就业。”高职生源数量和类型的增加是高职人才结构化调整的关键举措，是大力发展高职教育的重要措施。

逐步取消现行的注册入学招生。注册入学是在特定的教育领域或学校，具备一定资格的学生在申请入学时免试、直接注册学习的制度。现行的注册入学招生是我国职业院校招生制度改革的重要尝试，在百万扩招的背景下，生源结构多元化，逐步取消现行的注册入学招生是在教育起点和结果中实践教育公平的重要手段。

规范长学制技术技能人才贯通培养，逐步取消中职本科贯通，适度扩大中职专科贯通，贯通专业以始读年龄小、培养周期长、技能要求高的专业为主。严格执行技能拔尖人才免试入学条件。自2002年国务院在《关于大力发展职业技术教育的决定》中首次提出“构建现代职业教育体系”以来，国家和各省（区、市）对于职业教育人才贯通培养提出了一系列政策，各省（区、市）陆续开展人才贯通培养的有益探索。2019年，《国家职业教育改革实施方案》指出，加快完善高层次应用型人才培养体系，探索长学制培养高端技术技能人才。这是首次开创性地提出了职业教育领域内的高技能人才“长学制”培养模式。凡符合技能拔尖人才免试入学条件者，经本人参加当年高考报名、向报考院校申请、院校考核公示、省教育厅核实资格后，可由普通高校免试录取相关专业学习。我国目前已形成了多元化的高职考试招生制度体系，由普通高考招生、五年一贯制、单独考试招生、自主招生、推荐入学及免试入学等招生方式组成。

三、完善“文化素质+职业技能”评价方式

招生考试评价是职业教育考试招生制度的重要内容，考什么、怎么考、谁来考是关乎人才选拔的重要问题。《行动计划》中强调要完善高职分类考试内容和形式，统一制定职业适应性测试标准和规定测试方式，鼓励企业参与招生。

完善高职分类考试内容和形式，推进“文化素质＋职业技能”评价方式，引导不同阶段教育合理分流、协调发展，为学生接受高职教育提供多种入学方式。教育部在《关于积极推进高等职业教育考试招生制度改革的指导意见》中提出逐步与普通高校本科考试分离，重点探索“知识＋技能”的考试评价办法。文化素质考试由省级教育行政部门根据《中等职业学校公共基础课课程标准》统一组织。职业技能测试分值不低于总分值的50％，考试形式以操作考试为主，须充分体现岗位技能、通用技术等内容。

省级教育行政部门按照专业大类统一制定职业适应性测试标准、规定测试方式。《国务院关于深化考试招生制度改革的实施意见》对高职院校招生制度改革提出明确要求：高职院校考试招生与普通高校相对分开，实行“文化素质＋职业技能”评价方式。中职学校毕业生报考高职院校，参加文化基础与职业技能相结合的测试。普通高中毕业生报考高职院校，参加职业适应性测试，文化素质成绩使用高中学业水平考试成绩，参考综合素质评价。职业适应性测试是以普通高中学生基本素质为基础，根据高职高专院校（专业）选拔、培养高素质技术技能型人才要求，对报考高职高专院校学生进行的选拔性评价方式。

支持有条件的省份建立中职学生学业水平测试制度。学业水平测试是由教育行政部门建立并进行统一规划的，是对所有中职学校学生的总体水平进行统一标准的测试，以学业水平测试为契机，将打破以单一的文化课成绩作为评价的标准，更加全方位地实现对学生的教学评价。

鼓励高职学校与产教融合型企业联合招生。2014年，国务院出台了《关于加快发展现代职业教育的决定》，明确提出要健全企业参与制度，制定促进校企合作办学的有关法规和激励政策，深化产教融合，鼓励行业和企业举办或参与举办职业教育，发挥企业重要办学主体作用。《教育部关于开展现代学徒制试点工作的意见》进一步明确了招生与招工一体化是现代学徒制试点工作的基础和工作要求，提出要扩大试点院校的招生自主权，根据合作企业需求，与合作企业共同研制招生与招工方案，扩大招生范围。《国务院关于加快发展现代职业教育的决定》《现代职业教育体系建设规划（2014—2020年）》等一系列文件，明确指出要加快教育改革与产业转型升级的衔接配套建设，强化校企协同育人。在学校的提前招生章程中，在政策允许的范围内，明晰了企业用人要求，并将此作为考核选拔的标准，体现了高校的招生自主权，以便招收到更多适合职业教育的学生，实现“招生即招工”。

参考文献

[1] 刘芳.百万扩招下的“职教高考”制度构建研究[J].中国职业技术教育，2019(31)：25-29.

[2] 刘晓，陈乐斌.百万扩招背景下的高职招生制度改革：现实诉求与改革路径[J].高等职业教育探索，2019(5)：1-7.

[3] 周建松，陈正江.高职百万扩招的战略意义与实现路径——基于全纳教育视角的分析[J].江苏高教，2020(2)：113-119.

[4] 董照星，袁潇.高职院校分类考试招生的途径、问题和对策研究[J].中国职业技术教育，2018(2)：5-9.

实施职业教育治理能力提升行动

陈正江

2019年《国家职业教育改革实施方案》发布，为落实《实施方案》，2020年9月，教育部等九部门印发《职业教育提质培优行动计划(2020—2023年)》，明确了十项重点任务，其中第六项为实施职业教育治理能力提升行动(以下简称“治理行动”)。实施治理行动是一个具有迭代性和实验性的过程，旨在通过健全职业教育标准体系、完善办学质量监管评价机制、打造高素质专业化管理队伍，提高职业学校办学治校水平，办人民满意的教育。

一、健全职业教育标准体系

《实施方案》指出，制度标准不够健全等问题，到了必须下大力气抓好的时候。将标准化建设作为统领职业教育发展的突破口，到2022年，建成覆盖大部分行业领域、具有国际先进水平的中国职业教育标准体系。

发挥标准在职业教育质量提升中的基础性作用。标准是基于对变化中的需求进行研究和实践而生成的具有广泛适用性的原则。党的十九届五中全会审议通过《中共中央关于制定国民经济和社会发展第十四个五年规划和二〇三五年远景目标的建议》，明确了“建设高质量教育体系”的政策导向和重点要求，职业教育标准体系是建设高质量教育体系的基础性工程。2018年，教育部发布的《关于完善教育标准化工作的指导意见》(教政法〔2018〕17号)指出：“标准是可量化、可监督、可比较的规范，是配置资源、提高效率、推进治理体系现代化的工具，是衡量工作质量、发展水平和竞争力的尺度，是一种具有基础性、通用性的语言。”

规范职业院校设置是职业教育发展的基本前提。适时修订中职学校、专科高职学校设置标准，研制本科职业学校设置标准。结合职业教育特点完善学位制度。2019 年，住房和城乡建设部发布的《高等职业学校建设标准》（建标〔2019〕86 号），共分六章和四个附录，包括总则、建设规模与项目构成、选址与校园规划、面积指标、建筑与建筑设备、主要技术经济指标等。2020 年 7 月，教育部发展规划司制定了《本科层次职业学校设置标准（试行）》，向各省、自治区、直辖市教育厅（教委）征求意见。

实施职业学校教师、校长专业标准，制定“双师型”教师基本要求。以师德师风建设为引领，强化校企轮动、国内外结合的教师培养培训体系；完善财经类分类引导的职称评审标准，促进教师优质成长；助推结构化教师教学创新团队建设；优化高层次人才的评聘制度，充分调动教师积极性。实施教师和校长专业标准，提升职业院校教学管理和教学实践能力。实施教师、教材、教法改革，促进专业建设和教学改革。完善人才培养工作委员会、“六合一”专业建设指导委员会、教材选用委员会运行机制，健全专业教学资源库，建立共建共享平台的资源认证标准和交易机制，进一步扩大优质资源覆盖面。

统筹修（制）订衔接贯通、全面覆盖的中等、专科、本科职业教育专业目录及专业设置管理办法。按照专业设置与产业需求对接、课程内容与职业标准对接、教学过程与生产过程对接的要求，完善教育教学相关标准，严把教学标准和毕业学生质量标准两个关口；推进专业目录、专业教学标准、课程标准、顶岗实习标准、实训条件建设标准（仪器设备配备规范）制定和在职业院校落地实施，并持续更新。

构建国家、省、校三级专业教学标准体系，国家面向产业急需领域和量大面广的专业，修（制）订国家标准；各地根据经济社会发展需要和有关技术规范,补充制定区域性标准;职业学校全面落实国标和省标,开发具有校本特色的更高标准。巩固和发展国务院教育行政部门联合行业制定国家教学标准、职业院校依据标准自主制订人才培养方案的工作格局。

二、完善办学质量监管评价机制

质量即满足需求的程度,高质量意味着需求满足度高。没有标准就没有质量,同样,没有评价就没有质量。

完善政府、行业企业、学校、社会等多方参与的质量监管评价机制。2020年2月,中办、国办印发《关于深化新时代教育督导体制机制改革的意见》。同年10月,中共中央、国务院印发《深化新时代教育评价改革总体方案》,提出把立德树人作为根本任务,把党和国家一系列人才培养的新要求作为新标准,改进结果评价、强化过程评价、探索增值评价、健全综合评价,尽快建成全面覆盖、运转高效、结果权威、问责有力的中国特色社会主义教育督导体系和教育评价体系。

完善职业学校评价制度,把职业道德、职业素养、技术技能水平、就业质量和创业能力作为衡量人才培养质量的重要内容。坚持以德为先、能力为重、全面发展,坚持面向人人、因材施教、知行合一,着眼引导学生立志听党话、跟党走,立志扎根人民、奉献自身。要特别突出人才培养评价的重要性,切实建立健全落实立德树人根本任务的体制机制;要系统研究与建立软性指标的评价机制,补足在德育、体育、美育和劳动教育评价方面的短板;要注重发展性评价和诊断性评价,把评价作为促进学生、教师和学校发展的重要手段。

研究制定职业学校办学质量考核办法,省级统筹开展职业学校办学质量考核,建立技能抽查、实习报告、毕业设计抽检等随机性检查制度。回归教育本体,完善科学的职业学校办学质量考核办法,落实

2016年国务院教育督导委员会办公室印发的《高等职业院校适应社会需求能力评估暂行办法》，推动高等职业院校坚持“以立德树人为根本，以服务发展为宗旨，以促进就业为导向”，深化办学机制和教育教学改革，全面提高高职院校适应社会需求的能力和水平。

完善以章程为核心的校内规则制度体系，健全职业学校内部治理结构，深入推进职业学校教学工作诊断与改进制度建设，切实发挥其在学校教学质量保证中的主体作用。完善以章程为核心的现代学校制度体系，坚持党委领导下的校长负责制，形成学校自主管理、自我约束的体制机制。建立价值导向的制度体系，发挥其“战略方向盘”“运行红绿灯”“业务加油站”三大职能，推进学校对二级学院管理与服务的智能化，为二级学院赋能。落实2017年10月教育部印发的《关于全面推进职业院校教学工作诊断与改进制度建设的通知》，以大数据支撑学校治理及运作，完善教学质量保障机制，形成持续改进教学质量的文化。

巩固国家、省、校三级质量年报发布制度，进一步提高质量年报编制水平和公开力度。完善职业教育督导评估办法，构建国家、省、校三级职业教育督导体系。要重视外部评价、社会评价与学生评价，加强受教育者在教育评价中的地位，从评价对象的本质特性出发制定评价标准、选择评价工具和手段。紧紧抓住教育公平和教育质量这两个重点，深入推进对省级人民政府履行教育职责评价，完善教育决策—执行—监督体系，形成评价—公示—整改—问责机制。如浙江省高职院校督导评估指标体系就主要围绕党的领导、产教融合、“三教”改革、学生成长、社会服务、持续发展六方面开展工作。

三、打造高素质专业化管理队伍

强化职业学校校长队伍建设，完善选拔任用机制。按照《党政领导干部选拔任用工作条例》及有关规定规范校长选拔任用工作，改进和完善校长选拔任用办法，积极稳妥推行校长公开招聘、竞聘上岗制度，采用多种方式选拔任用校长。根据当地教育事业发展的总体规划和党委政府及教育行政部门的要求，结合本校实际，实行任期目标责任制。

落实和扩大职业学校办学自主权，健全完善职称评聘、分配制度等，支持学校在限额内自主设立内设机构，按规定自主设置岗位、自主确定用人计划、自主招聘各类人才。随着"管办评分离"政策的推出，高职院校办学质量保证正逐步从外部行政主导转向院校内部自我主导，进一步创新治理机制，建立分类发展、绩效导向的职称评聘、评价考核与收入分配制度，以适应跨专业教学组织、协同创新中心、专业群等建设工作的顺利开展。

建立国家、省、市(县)分级培训机制，组织开展职业学校校长和管理干部培训，造就一支政治过硬、品德高尚、业务精湛、治校有方的管理队伍。优化师德师风管理制度，完善师德失范惩处制度；进一步落实师德师风负面清单制度，开展师德师风考核工作。在管理干部培训实施过程中，各院校主体必须注重协商性和协作性精神的体现，在信任、合作的工作氛围中共同打造顺应院校自身发展需要的管理干部队伍。

制定管理干部培训五年规划，提高各类管理干部育人能力。建立干部考核评价、激励监督机制，重视考核结果运用。以习近平总书记的职业教育重要思想为指导，围绕新时期职业教育发展建设的关键任务要求和当前职业院校治理热点、难点问题，结合《行动计划》推进"双高计划"建设有关工作，开展学习培训，采用线上线下相结合的方式，集中学习阶段为线下面授，实践应用、学习总结阶段在线上实施。

到2023年，集中培训5000名左右中职校长(书记)和1000名左右高职校长(书记)，各级各类培训覆盖全部职业学校管理干部。为贯彻落实《实施方案》和《行动计划》的要求，有效提高职业院校校长办学治校能力，提升职业院校治理水平和人才培养质量，教育部职业教育与成人教育司自2020年11月以来，已在广东邮电职业技术学院先后举办了两期职业院校校长治理能力提升专题研讨班，197所“中国特色高水平高职学校和专业建设计划”建设院校书记、校长和各省级教育行政部门职业教育有关处室负责人共400余人参与。

“十四五”期间，我国现代职业教育体系的发展要以提质培优为根本目标，从战略层面深入思考和确定职业教育发展路径，加速实现职业教育现代化，为经济转型升级赋能增效。2020年10月，教育部职业教育与成人教育司发布《关于承接〈职业教育提质培优行动计划(2020—2023年)〉任务(项目)的通知》(教职成司函〔2020〕32号)，各级各类职业学校要紧紧围绕健全职业教育标准体系、完善办学质量监管评价机制、打造高素质专业化管理队伍等方面内容，主动承接相关任务和项目，并通过持续的实践和改进，进一步提升治理能力，提高办学治校水平，推进职业教育高质量发展。

参考文献

[1] 张建.教育治理体系的现代化:标准、困境及路径[J].教育发展研究,2014(9):27-33.

[2] 崔炳辉.整体性治理视域下高职院校治理体系研究[J].江苏高教,2016(3):148-151.

[3] 赵伟,孙英.职业教育类型论[J].中国高教研究,2020(11):98-103.

[4] 周建松,陈正江.学校发展系统:理论建构与实践探索[J].高等工程教育研究,2015(3):58-63.

[5] 郑小明.建设优质高职院校的背景、内涵与标准[J].江苏教育研究,2016(1):57-61.

[6] [美]埃莉诺·奥斯特罗姆.公共事物的治理之道——集体行动制

度的演进[M].余逊达,陈旭东,译.上海:上海三联书店,2000.
[7] [美]沃尔特·W.鲍威尔,保罗·J.迪马吉奥.组织分析的新制度主义[M].姚伟,译.上海:上海人民出版社,2008.
[8] 孙辉.克服思维惯性,激发诊改原动力[N].中国教育报,2017-10-10(11).

的《全面深化新时代教师队伍建设改革的意见》指出，加强职业技术师范院校建设，支持高水平学校和大中型企业共建“双师型”教师培养培训基地，建立高等学校、行业企业联合培养“双师型”教师的机制。《实施方案》指出，加强职业技术师范院校建设，优化结构布局，引导一批高水平工科学校举办职业技术师范教育。优化结构布局，加强职业技术师范院校和高校职业技术教育(师范)学院建设，支持高水平工科大学举办职业技术师范教育，开展在职教师的双师素质培训进修。

改革职业学校专业教师晋升和评价机制，破除“五唯”倾向，将企业生产项目实践经历、业绩成果等纳入评价标准。深化教师职称制度改革，破除“唯文凭、唯论文、唯帽子、唯身份、唯奖项”的顽瘴痼疾。推动各地结合实际，制定“双师型”教师认定标准，将体现技能水平和专业教学能力的双师素质纳入教师考核评价体系。2020年12月，教育部印发的《关于破除高校哲学社会科学研究评价中“唯论文”不良导向的若干意见》指出，落实中共中央、国务院印发的《深化新时代教育评价改革总体方案》，切实扭转当前高校哲学社会科学研究评价中存在的“唯论文”不良导向，建立健全中国特色哲学社会科学学术规范和评价体系，全面优化学术生态，不断提高研究质量。

完善职业学校自主聘任兼职教师的办法，实施现代产业导师特聘计划，设置一定比例的特聘岗位，畅通行业企业高层次技术技能人才从教渠道，推动企业工程技术人员、高技能人才与职业学校教师双向流动。加强产教融合师资队伍建设。支持企业技术和管理人才到学校任教，鼓励有条件的地方探索产业教师(导师)特设岗位计划。探索符合职业教育和应用型高校特点的教师资格标准和专业技术职务(职称)评聘办法。允许职业学校和高等学校依法依规自主聘请兼职教师和确定兼职报酬。推动职业学校、应用型本科高校与大中型企业合作建设“双师型”教师培养培训基地。完善职业学校和高等学校教师实践假期制度，支持在职教师定期到企业实践锻炼。2018年1月，中共中央、国务院印发的《全面深化新时代教师队伍建设改革的意见》指出，落实职业院校用人自主权，完善教师招聘办法。推动固定岗和流动岗相结合的职业院校教师人事管理制度改革。完善职业院校教师考核评价制度，“双师型”教师考核评价要充分体现技能水平和专业教学能力。

各级人力资源社会保障、财政部门要充分考虑职业学校承担培训任务情况，合理核定绩效工资总量和水平。对承担任务较重的职业学校，在原总量基础上及时核增所需绩效工资总量。专业教师可按国家规定在校企合作企业兼职取酬。2018 年 1 月，中共中央、国务院印发的《全面深化新时代教师队伍建设改革的意见》指出，改革完善职业学校绩效工资政策，职业学校通过校企合作、技术服务、社会培训取得的收入，可按一定比例将其作为绩效工资来源。2018 年 2 月，教育部等六部门印发的《职业学校校企合作促进办法》指出，经所在学校或企业同意，职业学校教师和管理人员、企业经营管理和技术人员根据合作协议，分别到企业、职业学校兼职的，可根据有关规定和双方约定确定薪酬。《实施方案》指出，建立健全职业院校自主聘任兼职教师的办法，推动企业工程技术人员、高技能人才和职业院校教师双向流动。职业院校通过校企合作、技术服务、社会培训、自办企业等所得收入，可按一定比例将其作为绩效工资来源。允许职业院校将一定比例的培训收入纳入学校公用经费，学校培训工作量可按一定比例折算成全日制学生培养工作量。职业院校在内部分配时，应向承担职业技能培训工作的一线教师倾斜，保障其合理待遇。

到 2023 年，专业教师中“双师型”教师占比超过 50%，遴选一批国家“万人计划”教学名师、360 个国家级教师教学创新团队。从 2019 年起，职业院校、应用型本科高校相关专业教师原则上从具有三年以上企业工作经历并具有高职以上学历的人员中公开招聘，特殊高技能人才（含具有高级工以上职业资格人员）可适当放宽学历要求，2020 年起基本不再从应届毕业生中招聘。职业院校、应用型本科高校教师每年至少一个月在企业或实训基地实训，落实教师五年一周期的全员轮训制度。2019年4月，《关于实施中国特色高水平高职学校和专业建设计划的意见》指出，以“四有”标准打造数量充足、专兼结合、结构合理的高水平双师队伍。创新教师评价机制，建立以业绩贡献和能力水平为导向、以目标管理和目标考核为重点的绩效工资动态调整机制，实现多劳多得、优绩优酬。

二、加强职业教育教材建设

完善职业教育教材规划、编写、审核、选用使用、评价监管机制。2019年12月，教育部印发的《职业院校教材管理办法》指出，在国家教材委员会指导和统筹下，职业院校教材实行分级管理，教育行政部门牵头负责，有关部门、行业企业和学校等多方参与。中等职业学校思想政治、语文、历史课程教材和高等职业学校思想政治理论课教材，以及其他意识形态属性较强的教材和涉及国家主权、安全、民族、宗教等内容的教材，实行国家统一编写、统一审核、统一使用。专业课程教材在政府规划和引导下，注重发挥行业企业、教科研机构和学校的作用，以更好地对接产业发展。2019年4月，孙春兰副总理在全国深化职业教育改革电视电话会议上指出，要紧盯技术和产业升级需求，及时将新技术、新工艺、新规范纳入教材，探索使用新型活页式、工作手册式教材并配套信息化资源，引入典型生产案例，把教材每三年大修改调整一次、每年小修改调整一次的要求落到实处。

加强意识形态属性较强的哲学社会科学教材建设，纳入马克思主义理论研究和建设工程重点建设，做好教材统一使用工作。2020年5月，教育部印发的《高等学校课程思政建设指导纲要》指出，高校课程思政要融入课堂教学建设，作为课程设置、教学大纲核准和教案评价的重要内容，落实到课程目标设计、教学大纲修订、教材编审选用、教案课件编写各方面，贯穿于课堂授课、教学研讨、实验实训、作业论文各环节。中等职业学校思想政治、语文、历史三科，必须使用国家统编教材。高等职业学校必须使用国家统编的思想政治理论课教材、马克思主义理论研究和建设工程重点教材。

对接主流生产技术，注重吸收行业发展的新知识、新技术、新工艺、新方法，校企合作开发专业课教材。建立健全三年大修订、每年小修订的教材动态更新调整机制。2017 年 12 月，《国务院办公厅关于深化产教融合的若干意见》指出，深化“引企入教”改革。支持引导企业深度参与职业学校、高等学校教育教学改革，以多种方式参与学校专业规划、教材开发、教学设计、课程设置、实习实训，促进企业需求融入人才培养环节。《实施方案》指出，校企共同研究制订人才培养方案，及时将新技术、新工艺、新规范纳入教学标准和教学内容，强化学生实习实训。2019 年 4 月，《关于实施中国特色高水平高职学校和专业建设计划的意见》指出，校企共同研制科学规范、国际可借鉴的人才培养方案和课程标准，将新技术、新工艺、新规范等产业先进元素纳入教学标准和教学内容，建设开放共享的专业群课程教学资源和实践教学基地。

根据职业学校学生特点创新教材形态，推行科学严谨、深入浅出、图文并茂、形式多样的活页式、工作手册式、融媒体教材。倡导开发活页式、工作手册式新形态教材。《实施方案》指出，遴选认定一大批职业教育在线精品课程，建设一大批校企“双元”合作开发的国家规划教材，倡导使用新型活页式、工作手册式教材并配套开发信息化资源。每三年修订一次教材，其中专业教材随信息技术发展和产业升级情况及时动态更新。专业课程教材要符合技术技能人才成长规律和学生认知特点，对接国际先进职业教育理念，适应人才培养模式创新和优化课程体系的需要，理论和实践相统一，强调实践性，适应项目学习、案例学习、模块化学习等不同学习方式要求，注重以真实生产项目、典型工作任务、案例等为载体组织教学单元。

实行教材分层规划制度，引导地方建设国家规划教材领域以外的区域特色教材，在国家和省级规划教材不能满足实际情况的情况下，鼓励职业学校编写反映自身特色的校本专业教材。编写并用好中职思想政治、语文和历史统编教材。健全教材的分类审核、抽查和退出制度。中等职业学校公共基础必修课程教材须在国务院教育行政部门发布的国家规划教材目录中选用。职业院校专业核心课程和高等职业学校公共基础课程教材原则上从国家和省级教育行政部门发布的规划教材目录中选用。教材选用单位在确定教材选用结果后，应报主管教育行政部门备案。省级教育行政部门每学年将本地区职业院校教材选用情况报国务院教育行政部门备案。到2023年，遴选10000种左右校企双元合作开发的职业教育规划教材，国家、省两级抽查教材的比例合计不低于50%，职业学校专业课程全部使用新近更新的教材。

三、提升职业教育专业和课程教学质量

推动依据国家战略和区域产业发展需求、专业建设水平、就业质量等合理规划引导专业设置，建立退出机制。2017年12月，《国务院办公厅关于深化产教融合的若干意见》指出，“推动学科专业建设与产业转型升级相适应”“健全需求导向的人才培养结构调整机制”，严格实行专业预警和退出机制，引导学校对设置雷同、就业连续不达标专业，及时调减或停止招生。2018年2月，教育部等六部门印发的《职业学校校企合作促进办法》指出，对校企合作设置的适应就业市场需求的新专业，应当予以支持；应当鼓励和支持职业学校与企业合作开设专业，制定专业标准、培养方案等。《实施方案》指出，健全专业设置定期评估机制，强化地方引导本区域职业院校优化专业设置的职责，原则上每五年修订一次职业院校专业目录，学校依据目录灵活自主设置专

业，每年调整一次专业。

规范人才培养方案研制发布程序，建立职业学校人才培养方案公开制度，为行业指导、企业选择、学生学习、同行交流、社会监督提供便利。2019 年 6 月，《教育部关于职业院校专业人才培养方案制订与实施工作的指导意见》指出，职业院校专业人才培养方案发布与更新的具体规范、审定通过的专业人才培养方案，学校按程序发布执行，报上级教育行政部门备案，并通过学校网站等主动向社会公开，接受全社会监督。学校应建立健全专业人才培养方案实施情况的评价、反馈与改进机制，根据经济社会发展需求、技术发展趋势和教育教学改革实际，及时优化调整。

加强课堂教学日常管理，规范教学秩序。推动职业学校"课堂革命"，适应生源多样化特点，将课程教学改革推向纵深。建设符合项目式、模块化教学需要的教学创新团队，不断优化教师能力结构。健全教材选用制度，选用体现新技术、新工艺、新规范等的高质量教材，引入典型生产案例。总结推广现代学徒制试点经验，普及项目教学、案例教学、情境教学、模块化教学等教学方式，广泛运用启发式、探究式、讨论式、参与式等教学方法，推广翻转课堂、混合式教学、理实一体教学等新型教学模式，推动课堂教学革命。加强课堂教学管理，规范教学秩序，打造优质课堂。

加强实践性教学，实践性教学学时原则上占总学时数的 50% 以上，积极推行认知实习、跟岗实习、顶岗实习等多种实习方式，可根据专业实际集中或分阶段安排。《实施方案》在具体目标中强调，职业院校实践性教学课时原则上占总课时一半以上，顶岗实习时间一般为六个月。充分调动各方面深化职业教育改革创新的积极性，带动各级政府、企业和职业院校建设一批资源共享，集实践教学、社会培训、企业真实生产和社会技术服务于一体的高水平职业教育实训基地。2019 年 6 月，《教育部关于职业院校专业人才培养方案制订与实施工作的指导意见》指出，加强实践性教学，要积极推行认知实习、跟岗实习、顶岗实习等多种实习方式，强化以育人为目标的实习实训考核评价。

完善以学习者为中心的专业和课程教学评价体系，强化实习实训考核评价。鼓励教师团队对接职业标准和工作过程，探索分工协作的模块化教学组织方式。《实施方案》指出，探索组建高水平、结构化教师教学创新团队，教师分工协作进行模块化教学。2019年4月，《关于实施中国特色高水平高职学校和专业建设计划的意见》指出，组建高水平、结构化教师教学创新团队，探索教师分工协作的模块化教学模式，深化教材与教法改革，推动“课堂革命”。建立健全多方协同的专业群可持续发展保障机制。建立健全国家、省、校三级教学能力比赛机制。遴选1000个左右职业教育“课堂革命”典型案例，职业教育教学成果奖评选向课堂教学改革倾斜。各地各校对接本区域重点专业群，促进教学过程、教学内容、教学模式改革创新，实施团队合作的教学组织新方式、行动导向的模块化教学新模式，建设省级、校级教师教学创新团队。

参考文献

[1] 周建松，郑亚莉. 学习贯彻《国家职业教育改革实施方案》[M]. 杭州：浙江工商大学出版社，2020.

[2] 周建松，陈正江. 高职院校“三教”改革：背景、内涵与路径[J]. 中国大学教学，2019(9)：86-91.

[3] 周建松，陈正江. 贯彻落实《实施方案》 着力推进高职教育类型特色建设[J]. 职教论坛，2019(7)：73-78.

实施职业教育信息化2.0建设行动

靖 研

我国职业教育教学信息化发展，历经了基于计算机的职业教育教学数字化（改革开放至20世纪90年代末）、基于互联网的职业教育教学信息化（21世纪初至21世纪10年代中）、基于大数据的职业教育教学智能化（21世纪10年代中至今）三个阶段。40多年来，职业教育教学信息化显著提升了职业教育教学水平。2020年中，教育部等九部门共同印发《职业教育提质培优行动计划（2020—2023年）》，实施职业教育信息化2.0建设行动作为重点任务位列其中。

一、提升职业教育信息化建设水平

落实《职业院校数字校园规范》（以下简称《规范》），推动各地研制校本数据中心建设指南，指导职业学校系统设计学校信息化整体解决方案。2020年6月，教育部发布《规范》，是站在历史发展的新起点上，基于《中国教育现代化2035》《教育信息化2.0行动计划》和《国家职业教育改革实施方案》等文件关于职业教育信息化工作的指导部署，对2015年版《职业院校数字校园建设规范》进行了修订完善。根据《职业教育信息化发展报告》调研结果，职业院校数字校园普遍存在“重建设、轻应用”的问题。《规范》较2015年版文件去除了“建设”两字，旨在引导职业院校数字校园从建设转向应用；《行动计划》提出“推动各地研制校本数据中心建设指南，指导职业学校系统设计学校信息化整体解决方案”，亦是对数字校园建设应遵循问题导向与应用导向的再次重申。

引导职业学校提升信息化基础能力，建设高速稳定的校园网络，联通校内行政教学科研学生后勤等应用系统，统筹建设一体化智能化教学、管理与服务平台。根据《规范》，数字校园的支撑条件主要包括信息化基础设施、教学支撑条件、平安校园、后勤服务等。校园网络应是一个高速实用、稳定可靠、安全可控、管理完善和多业务融合的基础承载网络，能支撑各类终端泛在接入和泛在信息服务。数字校园基本信息化设施建设的总体要求如下：统一规划、统一部署、统一建设；整体设计、分步实施；标准先行、遵守规范；组织保障、经费单列；管用分离、专业运维。

推动信息技术和智能技术深度融入学校管理全过程，大幅提高决策和管理的精准化科学化水平。2018年4月，教育部印发《教育信息化2.0行动计划》，要求提高教育管理信息化水平；提出制定进一步加强教育管理信息化的指导意见，优化教育业务管理信息系统，深化教育大数据应用，全面提升教育管理信息化支撑教育业务管理、政务服务、教学管理等工作的能力；充分利用云计算、大数据、人工智能等新技术，构建全方位、全过程、全天候的支撑体系，助力教育教学、管理和服务的改革发展。《规范》进一步明确，管理服务信息化系统主要包含各类业务管理系统、信息服务系统以及相关支撑平台。管理服务信息系统应实现数据融合、互通共享，构建一体化信息服务平台，实现“让信息多跑路、让师生少跑腿”的目标。

落实网络安全责任制，增强网络与信息安全管控能力。基于《信息安全技术 网络安全等级保护基本要求》(GB/T 22239—2019)、《信息安全技术 网络安全等级保护测评要求》(GB/T 28448—2019)、《信息安全技术 网络安全等级保护设计要求》(GB/T 25070—2019)等标准规范，《规范》明确网络与信息安全不仅仅包括内容安全，也包括技术安全，需要通过梳理摸清信息资产，进行安全风险分析，明确安全目标，制定安全策略，基于网络安全政策，通过采取必要的技术和管理措施，防范对网络的攻击、侵入、干扰、破坏和非法使用以及意外事故，使网络处于稳定、可靠运行的状态，保障网络数据的完整性、保密性和可用性。网络安全建设的内容包括网络安全内涵界定、网络安全管理、网络安全系统与设备建设、网络内容安全与舆情管理、网络安全能力建设。

遴选300所左右职业教育信息化标杆学校。2018年4月，教育部印发《教育信息化2.0行动计划》，提出百区千校万课引领行动。结合教育信息化各类试点和“信息技术与教育深度融合示范培育推广计划”的实施，认定百个典型区域、千所标杆学校、万堂示范课例，汇聚优秀案例，推广典型经验。分批组织遴选100所高等学校、300所职业学校、1000所基础教育学校和一定数量的举办继续教育的学校开展示范，探索在信息化条件下实现差异化教学、个性化学习、精细化管理、智能化服务的典型途径。《行动计划》贯彻《教育信息化2.0行动计划》要求，提出遴选300所左右职业教育信息化标杆学校。

二、推动信息技术与教育教学深度融合

主动适应科技革命和产业革命要求，以“信息技术＋”升级传统专业，及时发展数字经济催生的新兴专业。《教育信息化2.0行动计划》提出加强教育信息化学术共同体和学科建设。加强教育信息化交叉学科建设，促进人才、学科、科研良性互动，实现大平台、大项目、大基地、大学科整体布局、协同发展。2019年4月，教育部、财政部发布《关于实施中国特色高水平高职学校和专业建设计划的意见》，要求围绕办好新时代职业教育的新要求，集中力量建设一批高水平高职学校和高水平专业群，打造技术技能人才培养高地和技术技能创新服务平台，支撑国家重点产业和区域支柱产业发展，引领新时代职业教育实现高质量发展。两份文件为职业院校基于区域产业需求、结合数字经济发展开展新兴专业建设指明了方向。

鼓励职业学校利用现代信息技术推动人才培养模式改革,满足学生的多样化学习需求,大力推进"互联网+""智能+"教育新形态,推动教育教学变革创新。《教育信息化2.0行动计划》提出与有关部门建立联合工作机制,设立长期研究项目和研究基地,形成持续支持教育信息化基础研究、应用研究和技术开发的长效机制。在协同创新中心、教育部重点实验室等建设布局中考虑建设相关研究平台,汇聚各高校、研究机构的研究基地,建立学术共同体,加强智能教学助手、教育机器人、智能学伴、语言文字信息化等关键技术的研究与应用。大力推进智能教育,开展以学习者为中心的智能化教学支持环境建设,推动人工智能在教学、管理等方面的全流程应用,利用智能技术加快推动人才培养模式、教学方法改革,探索泛在、灵活、智能的教育教学新环境建设与应用模式。《规范》指出,职业院校数字校园的应用需进一步探索基于互联网的人才培养模式创新,通过信息环境支持下的现代学徒制、基于互联网的中高职贯通、基于互联网的"3+N"人才培养等项目实施,搭建人才培养招生、教学、就业、培训等各环节的数字立交桥,实现高素质的技术技能型人才培养目标,彰显新时代中国职业教育的新亮点。同时,需进一步推进信息技术与教育教学深度融合,将信息技术融入课堂教学、实验实训、顶岗实习和职业培训中,利用新兴智能技术拓展教学的时间和空间,推动教学内容、教学材料和教学方式的职场化、工作化、个性化,实现教育模式智能化、学习终身化,最终达到职业教育"人人、时时、事事、处处"的泛在学习目标。

探索建设政府引导、市场参与的职业教育资源共建共享机制,服务课程开发、教学设计、教学实施、教学评价。建立健全共建共享的资源认证标准和交易机制,推进国家、省、校三级专业教学资源库建设应用,进一步扩大优质资源覆盖面。《教育信息化2.0行动计划》要求,建成国家教育资源公共服务体系,国家枢纽和国家教育资源公共服务平台、32个省级体系全部连通,数字教育资源实现开放共享,教育大资源开发利用机制全面形成。建设国家学分银行和终身电子学习档案。加快实现各级各类教育纵向衔接、横向互通，为每一位学习者提供能够记录、存储学习经历和成果的个人学习账号，建立个人终身电子学习档案。2019 年 2 月，《国家职业教育改革实施方案》提出，加快推进职业教育国家学分银行建设，从 2019 年开始，探索建立职业教育个人学习账号，实现学习成果可追溯、可查询、可转换。有序开展学历证书和职业技能等级证书所体现的学习成果的认定、积累和转换，为技术技能人才持续成长拓宽通道。《规范》明确，教育教学信息化要构建网络化职业教育和培训管理服务平台，支持终身化职业发展，以及学历证书和职业技能等级证书互通衔接等管理需求，提升学校职业教育和培训的社会服务能力；构建职业教育资源中心，支持资源广泛共享、职业教育均衡发展；构建基于大数据的教学管理与评价系统，强化信息化条件下的教学质量评估和质量控制，优化学校教育教学质量控制。

遴选 100 个左右示范性虚拟仿真实训基地。面向公共基础课和量大面广的专业（技能）课，分级遴选 5000 门左右职业教育在线精品课程。《教育信息化 2.0 行动计划》提出，汇聚电教系统、教研系统等各方力量，以“一师一优课、一课一名师”活动、全国职业院校技能大赛教学能力比赛、国家精品在线开放课程等为依托，设定专门制作标准和评价指标，遴选万堂优秀课堂教学案例。2019 年 2 月，《国家职业教育改革实施方案》明确，遴选认定一大批职业教育在线精品课程，建设一大批校企“双元”合作开发的国家规划教材，倡导使用新型活页式、工作手册式教材并配套开发信息化资源。每三年修订一次教材，其中专业教材随信息技术发展和产业升级情况及时动态更新。适应“互联网＋职业教育”发展需求，运用现代信息技术改进教学方式方法，推进“虚拟工厂”等网络学习空间建设和普遍应用。

引导职业学校开展信息化全员培训，提升教师和管理人员的信息化能力，以及学生利用网络信息技术和优质在线资源进行自主学习的能力。根据《规范》,数字校园应坚持信息技术与教育教学深度融合的理念,融通技术赋能的职业教育革新精神,注重学生信息素养和信息化职业能力的全面提升,增强教师信息化教学能力与素养,促进职业院校改革与发展目标的实现。各院校应当制定相应的信息化激励政策,鼓励教职员工利用信息技术创新教育教学模式。同时,应通过多层次持续性培训,更新教职员工信息技术知识和技能,举办提升其基于信息技术的工作(包括教学、科研、管理、服务等)能力的学习活动。

参考文献

[1] 马桂香,邓泽民.我国职业教育教学信息化研究40年综述[J].职教论坛,2020,36(7):71-80.

[2] 韩锡斌,崔依冉,罗杨洋.职业院校数字校园的内涵、框架及要求——《职业院校数字校园规范》解读之一[J].中国职业技术教育,2020(34):5-9.

[3] 陈明选,黄浩,周潜.数字校园支撑职业院校教育教学改革的核心要点——《职业院校数字校园规范》解读之二[J].中国职业技术教育,2020(34):10-15.

[4] 周建松.精准把握中国特色高水平高职学校和专业建设的要义[J].中国高等教育,2020(12):62-64.

[5] 周建松,陈正江.计划引领与项目驱动:我国高职教育发展政策的制度逻辑——基于"示范计划"和"双高计划"的分析[J].黑龙江高教研究,2019(9):116-119.

[6] 中华人民共和国教育部.教育部关于发布《职业院校数字校园规范》的通知[EB/OL].(2020-06-16)[2020-10-05].http://www.moe.gov.cn/srcsite/A07/zcs_zhgg/202007/t20200702_469886.html.

[7] 中华人民共和国中央人民政府. 国务院关于印发国家职业教育改革实施方案的通知[EB/OL]. (2019-02-13)[2020-09-23]. http://www.gov.cn/zhengce/content/2019-02/13/content_5365341.htm.

实施职业教育服务国际产能合作行动

梁　帅

为全面贯彻落实《国家职业教育改革实施方案》,办好公平有质量、类型特色突出的职业教育,教育部等九部门于2020年9月联合出台《职业教育提质培优行动计划(2020—2023年)》,它是加快推进职业教育现代化的一项重要顶层设计。《行动计划》聚焦重点、疏通堵点、破解难点,将《实施方案》部署的改革任务转化为举措和行动,共规划设计了10项重点任务,27条推进举措。前五项任务属于加强顶层设计范畴,后五项任务则聚焦关键领域改革。其中,第九大重点任务是"实施职业教育服务国际产能合作行动",包括"加快培养国际产能合作急需人才"和"提升职业教育国际影响力"两个维度,涉及七个方面。

一、加快培养国际产能合作急需人才

国际产能合作是指围绕生产能力新建、转移和提升等产业与投资方面的国际合作,涉及基础设施建设、资源能源开发等领域,其动因是为了响应"一带一路"倡议,发挥我国产业门类齐全,装备、技术、资金等方面的综合优势和其他方面的比较优势,对接中国和沿线国家供给能力和发展需求,共同发展实体经济、建设基础设施,实现优势互补、互利共赢、共同发展。目前,发展中国家,特别是"一带一路"沿线国家处于产业链中低端,城镇化进程加快,对基础设施和装备制造的需求强劲,一些发达国家基础设施老化比较严重,需要通过改善设施来拉动投资、促进增长。因此,开展国际产能合作,就是将多方力量汇聚在一起,发挥各自的比较优势,形成新的生产力。截至2019年4月,我国已与

40多个国家签署了产能合作协议。

2020年10月29日，党的十九届五中全会通过了《中共中央关于制定国民经济和社会发展第十四个五年规划和二〇三五年远景目标的建议》，明确提出："构筑互利共赢的产业链供应链合作体系，深化国际产能合作，扩大双向贸易和投资。"《行动计划》首次将职业教育国际化落脚于"服务国际产能合作"上，不仅体现了职业教育的类型特性，而且展现了合作共赢构建人类命运共同体的价值取向，在当前形势下具有重要的现实意义。其中，支持境外办学、建设海外学习中心、鼓励教师出国研修以及吸引来华合作办学四个方面成了今后职业教育全方位服务国际产能合作的主要路径。

加强职业学校与境外中资企业合作，支持职业学校到国(境)外办学，培育一批"鲁班工坊"，培养熟悉中华传统文化、中资企业急需的本土技术技能人才。作为共建"一带一路"的重要途径，"鲁班工坊"是由天津率先探索和构建的一种职业教育国际化发展新模式。目前，天津市已在亚非欧三大洲16个国家建成17个"鲁班工坊"。在教学模式上，"鲁班工坊"以实际工程项目为引导，以实践应用为导向，以创新能力培养为目标。四年间，"鲁班工坊"学历教育的总规模达663人，面向中资企业、本土企业以及师生的短期培训规模达5513人。未来，各省需在借鉴天津"鲁班工坊"模式的基础上，进一步加大与海外院校之间的合作交流，配合中国企业和产品走出去，对接发达国家职业资格标准，建立政府间战略合作框架，加强与境外教育主管部门合作，形成具有自身鲜明特色的境外办学模式。

鼓励国家开放大学建设海外学习中心，推动中国与产能合作国远程教育培训合作。2015年12月，教育部办公厅印发《关于同意在有色金属行业开展职业教育"走出去"试点的函》(教职成厅函〔2015〕55号)，同意中国有色金属工业协会依托全国有色金属职业教育教学指导委员会，将中国有色矿业集团作为试点企业，并遴选全国八所职业院校加入有色金属行业职业教育试点项目，在此基础上，国家开放大学也参与到试点项目中，以对外汉语教学为抓手，积极实施海外办学。2017年10月，我国第一个海外学习中心——国家开放大学赞比亚学习中心在赞比亚揭牌成立。未来，国家开放大学应抓住机遇，加强统筹规划和宏观管理，明确海外办学与企业走出去相结合的重点方向，扩大与行业企业合作规模，与企业有重点、有目标、有组织地开展海外办学，逐步扩大与“一带一路”沿线国家的职业教育合作。

统筹利用现有资源，实施“职业院校教师教学创新团队境外培训计划”，选派一大批专业带头人和骨干教师出国研修访学。《实施方案》在第十二条“多措并举打造‘双师型’教师队伍”中提出：定期组织选派职业院校专业骨干教师赴国外研修访学。2019年8月，教育部、国家发展和改革委员会、财政部、人力资源和社会保障部印发《深化新时代职业教育“双师型”教师队伍建设改革实施方案》，其中也明确提出：组织教学创新团队骨干教师分批次、成建制赴德国等国家研修访学，学习国际“双元制”职业教育先进经验，每年选派1000人，经过三至五年的连续培养，打造高素质“双师型”教师教学创新团队。这不仅是全面提升职教师资队伍国际化水平的必由之路，还为“双师型”教师赋予了新的内涵，未来的“双师型”教师一定是既精准掌握国内职业教育教学规律，又能精准利用国外先进职教经验服务本土教学的高素质“双精准”教师。

鼓励引进国(境)外优质职业教育机构来华合作办学，促进国际经验的本土化、再创新。作为职业教育引进来的主要手段，中外合作办学的最终目的是在学习借鉴国际职教发达国家经验的基础上，融合提炼、自成一家，为世界职业教育发展提供中国方案、展示中国模式、形成中国道路，充分体现中国特色高等职业教育的无限魅力和生机活力，让中国职业教育走向世界，成为世界职业教育高质量发展的样板和龙头。

二、提升职业教育国际影响力

从《行动计划》文件中可以看出，推进“中文＋职业技能”项目、推介国内优秀职教成果、承办世界职教大会等是综合提升职业教育国际影响力的三大主要路径。

推进“中文＋职业技能”项目，助力中国职业教育走出去，提升国际影响力。2020年11月，全国首个由教育部中外语言交流合作中心与南京工业职业技术大学共建的“中文＋职业技能”国际推广基地启动，基地旨在统筹推进“中文＋职业技能”数字资源体系建设，实现海外本土化人才培养和企业需求的精准对接，并在全国职业教育国际化师资培训、国际化教育教学资源开发、1＋X证书国际化培育与推广、产教融合“携手出海”、职业教育理论研究和政策咨询、人文与技术技能交流等多方面做出有益探索。“中文＋职业技能”项目代表着国际中文教育、职业教育走出去的深度融合，为整合国际中文教育和职业教育资源、实现融合创新和协同发展指明了实践方向。

引导职业学校与国(境)外优秀职业教育机构联合开展学术研究、标准研制、师生交流等合作项目，促进国内职业教育优秀成果海外推介。“联合开展学术研究”这一提法在至今为止所有关于职业教育的文件中还是首次出现(无论是《实施方案》，还是《关于实施中国特色高水平高职学校和专业建设计划的意见》，都未直接提出)。《行动计划》第一次旗帜鲜明地将它提出来，具有跨时代意义。这表明与国际学界开展学术研究已不再是普通本科院校的专利，这代表着职业教育作为一种类型教育，不仅要下接地气，还需要上接天线。对职业教育这一独具特色的教育类型开展研究，进行自我反思，已是全球职业教育共同体所必须担当的责任。当然，最终的目的是促进国内职业教育的优秀成果向海外推介。因此，政府部门在起步阶段需做好引导工作，进而使职业学校有组织、有计划地联合国(境)外职业教育机构开展学术研究、标准研制、师生交流等合作项目。

对接联合国教科文组织,积极承办世界职业教育大会,在“一带一路”沿线国家举办中国职业教育发展成果展,贡献职业教育的中国智慧、中国经验和中国方案,展示当代中国良好形象。Education＋世界职业教育大会暨展览会在我国已经成功举办五届,大会充分展示了中国在职业教育领域的发展成果,加强了中国与其他国家在职业教育领域的合作交流,已成为国内外职业教育交流融合的重要平台。2020年,以“提升职业教育国际影响力”为主题的中国职业教育服务“一带一路”建设论坛在杭州召开并发布《之江倡议》,从共同推动职业教育的国际合作、共同推动国际产能合作的人才培养、共同开发制定职业教育的“中国标准”、共同优化完善职业教育的国际治理和共同打造职业教育的命运共同体五个方面明确了职业教育推动“一带一路”政策沟通、设施联通、贸易畅通、资金融通和民心相通的路径和举措。在互学互鉴、合作发展的基础上,将会有更多具有中国特色的职教方案走出国门,为世界职教发展贡献力量。

参考文献

［1］中华人民共和国中央人民政府.教育部相关负责人就《职业教育提质培优行动计划(2020—2023年)》答问［EB/OL］.(2020-09-29).http://www.gov.cn/zhengce/2020-09/29/content_5548114.htm.

［2］第一财经.“一带一路”国际产能合作:中国企业为当地创造18万就业［EB/OL］.(2017-05-12).https://www.yicai.com/news/5283795.html.

［3］李进峰.推进我国与中亚地区“一带一路”产能合作［J］.中国国情国力,2020(2):65-68.

［4］张雯婧.天津在海外建成17个鲁班工坊：打造"一带一路"上的技术驿站［N］.天津日报，2021-01-13(2).
［5］曹晔.天津海外"鲁班工坊"建设调研报告［J］.职教论坛，2019(6)：147-152.
［6］鲁班工坊建设与发展成就2020：天津市鲁班工坊研究与推广中心［N］.天津日报，2020-11-06(12).
［7］王硕."一带一路"背景下的国家开放大学海外办学探索——以国家开放大学赞比亚学习中心建设实践为例［J］.高等继续教育学报，2018(6)：71-76.
［8］腾讯网.全国首个"中文＋职业技能"国际推广基地启动［EB/OL］.(2020-11-06).https://xw.qq.com/amphtml/20201106A0E65W00.

实施职业教育创新发展高地建设行动

刘兆阳

2020年9月，教育部等九部门联合印发《职业教育提质培优行动计划(2020—2023年)》。《行动计划》是继2006年实施国家示范性高职院校建设计划、2010年实施国家骨干高职院校建设计划、2015年《高等职业教育创新发展行动计划(2015—2018年)》和2019年《职业技能提升行动方案(2019—2021年)》后，高等职业教育领域又一个具有里程碑意义的指导文件。《行动计划》提出“实施职业教育创新发展高地建设行动”，这对职业教育创新发展提出了新的要求。《行动计划》旨在通过整省推进职业教育提质培优，合力打造职业教育样板城市，以实现职业教育提质增效，职教整体水平再上新台阶的目标。

一、整省推进职业教育提质培优

树立职业教育现代化样板标杆，探索建立职业教育标准体系，打造中国职业教育制度创新高地，是新时代探索中国特色职业教育制度和模式的重大历史使命。《行动计划》提出，要主动适应国家区域发展战略，在东中西部布局五个左右国家职业教育改革省域试点。截至目前，教育部从教育服务国家和区域发展战略的实际出发，提出分省和市两类推进、一地一特色的工作原则，已经联合全国十余个省份共建职业教育创新发展高地。在东部提质培优、在中部提质扩容、在西部扩容提质，形成各地因地制宜、比学赶超的工作格局。以点带面、标杆先行的职业教育创新发展高地行动正在稳步开展。

(一)确保政策供给,保障行动落实

《行动计划》提出,要"按照'一地一案、分区推进'原则推进职业教育提质培优"。为此,从国家层面,提升职业教育总体水平,要兼顾东中西部发展"存在差异而又各具特色"的实情,对于不同的省份开展行动需对症下药,给予对应支持,树立全国一盘棋的思想,以实现区域协调发展为宗旨,总体促进国家职业教育水平稳步发展。从省级政府层面,提升本省职业教育总体水平,更要考虑到本省不同地区存在的差异,注重对不同地区的职业教育"闪光点"的挖掘和推广,对省内存在的"东西差异""南北差异""教育资源差异""教育环境差异"予以充分考虑,及时研判,按照"一地一案、分区推进"的原则做出最优解。

同时,《行动计划》要求"在学校设置、重点项目建设等方面加大政策供给,支持试点省份探索新时代区域职业教育改革发展新模式"。职业教育是国民教育体系和人力资源开发的重要组成部分,肩负着培养多样化人才、传承技术技能、促进就业创业的责任。但职业教育"上热、中温、下冷"现象普遍存在,受重视程度急需提高。为此,只有从政策上对职业教育的重要性予以充分肯定并实施具体举措,才能在社会中营造重视职业教育、发展职业教育的氛围,并最终树立人才培养离不开职业教育这一共识性结论。要加大对职业教育的投入,从政策上重点扶持部分职业院校的重点专业,继续推进"双高校"建设计划,加大对高职重点项目的支持和投入,加强省重点高职院校建设。《行动计划》提出"国务院有关部门协同配合、地方落实主责的职业教育工作机制",由此,共建职教高地,建立部省协调推进机制,对于试点省份探索新时代区域职业教育改革发展新模式,无疑具有积极意义。

(二)地方形成合力,加快行动落实

《行动计划》指出,"引导地方落实主体责任,完善地方职业教育工作部门联席会议制度,推动各部门形成工作合力”。整省推进职业教育提质培优,地方能否将政策落到实处是关键。因而有责任意识、责任担当,是地方落实《行动计划》的重中之重。为此要强化职业院校所在区(市)政府属地责任,厘清地方政府的责任“是什么、如何做”,主动支持辖区职业院校发展,为地方职业教育提质培优提供必要的支持和保障,鼓励并推动职业院校主动融入区域经济社会发展。实现职业院校建设的根本宗旨——服务于中国特色社会主义现代化建设的现实需要。

压实《行动计划》落地落实的各方协同推进机制,加大服务保障和支持地方职业院校发展力度,完善地方职业教育工作部门联席会议制度,建立校地合作联席会议制度,成立指挥部和工作专班,由政府及部门主要领导担任召集人。地方尽快制订并落实本地区的职业教育实施方案,紧密对接地方经济社会发展的现实需求,通过校地合作联席会议加强校地联系,并就地方经济社会发展的重要问题展开沟通和研判,确保职业教育稳步对接地方经济社会发展的现实需要和人才培养的需要,为经济社会发展提供充足技术技能型人才。充分发挥各方力量,要坚持政府推动与引导社会力量参与相结合,确保《行动计划》加快落实,实现职业教育实现提质培优,跨上新台阶。

(三)优化体制机制,提升治理能力

《行动计划》指出,要“优化职业教育办学体制机制,加强治理体系和治理能力现代化建设”。优化职业教育办学体制机制,是职业教育适应经济和社会发展需要的必要保障。为此,要加强高等职业教育集团办学体制机制建设,创新职业教育集团管理体制与运行机制,健全优化人才培养模式,以提高质量为核心,深化专业内涵建设,推进课程体系、教学模式改革;注重将人才培养和教师能力提升相结合开展应用技术研发;创新校企合作、工学结合的育人机制;加大理论研究力度,围

绕职业教育类型特征、学制体系改革、上下衔接课程体系建设、“双师型”教师队伍建设等关键问题开展深入研究，重点研判疫情防控、思政教育、专业建设、教学改革、人才强校、就业创业、社会服务、产教融合等相关方面的内容，提升办学体制机制效能。

要加强治理体系和治理能力现代化建设。推动专科高等职业院校依法制定章程，完善治理结构，提升治理能力。围绕标准、质量和人才三大环节，提升治理能力。一是要健全职业教育标准体系。《实施方案》要求“发挥标准在职业教育质量提升中的基础性作用”，党的十五届五中全会审议通过《中共中央关于制定国民经济和社会发展第十四个五年规划和二〇三五年远景目标的建议》，明确“建设高质量教育体系”的政策导向和重点要求。适时修订中职学校、专科高职学校设置标准，实施职业学校教师、校长专业标准，制定“双师型”教师基本要求，统筹修(制)订衔接贯通、全面覆盖的中等、专科、本科职业教育专业目录及专业设置管理办法。二是巩固职业教育质量年报发布制度。进一步提高质量年报编制水平和公开力度。发挥这一成熟制度工具在职业教育办学质量管理、学校治理体系和治理能力建设中的积极作用。三是完善以章程为核心的校内规则制度体系，健全职业学校内部治理结构，作为办学质量保证的主体在教学工作诊断与改进制度建设中切实发挥主体作用，展现改革的自觉性。

(四)探索毕业生高质量就业模式

《行动计划》指出，要“探索职业学校毕业生高质量就业模式”。毕业生实现高质量就业是职业院校人才培养的根本目标，也是检验职业院校教学质量和人才培养质量的重要评价标准。就毕业生培养本身而言，职业院校要及时研判经济和社会发展的现实情况，围绕“经济社会发展需要什么样的人才”以及“如何培养满足经济社会发展需要的现代化人才”等主题展开研判分析。下大力气提升学生的职业技能和综合素养:一方面,要把技能作为学校办学的立足点,通过加强教师队伍建设和教学设施建设等师资投入,为学生的技能训练提供硬件支持,并在思想上和行动上加大力气训练学生的技能水平;另一方面,要把学生的职业素养作为衡量人才培养质量的重要内容,坚持以德为先、能力为重、全面发展,坚持面向人人、因材施教、知行合一,着眼引导学生立志听党话、跟党走,立志扎根人民、服务群众、奉献国家,将社会主义核心价值观深深镌刻在学生的思想中,并落实在具体的行动中。建设科学的毕业生就业质量反馈机制和毕业生就业跟踪关注机制,在获取反馈信息的基础上加大对现有培养模式的优化改良。

同时,学校要及时对接社会需要,及时回应社会对毕业生培养的关切,及时帮助毕业生拓宽就业渠道,汇聚高质量就业资源。这要求学校与社会各方建立紧密联系,要在学校主动找企业的基础上,创造企业办学、集团办学、行业办学或区域经济体联合参股办学等路径,形成体制更加开放、校企更加紧密的办学体制机制,真正推进教学与实践的紧密结合,专业与职业的有机融合,营造“大国工匠”“重视技能”“重视就业”的社会环境。

(五)强化督查,确保工作扎实推进

国家建立《行动计划》执行情况检查通报制度,国务院将《行动计划》执行情况列入国务院大督查范围,列为省级政府履行教育职责的重要内容,各地实施成效作为国家新一轮重大改革试点项目遴选的重要依据。省级政府层面,要求统筹有关部门,积极承接任务项目、制订工作方案、协调支持经费、加大政策供给,将《行动计划》与“十四五”事业发展同规划、同部署、同考核,确保改革发展任务落地。要求各地将《行动计划》执行情况列入省政府督查范围,将目标责任完成情况作为督查对象业绩考核的重要内容。省委将职业教育创新发展高地建设任务列入督查事项,省政府将其纳入督导评估范围,分别每半年、每三

个月督查调度一次工作进展。督查情况与现代职业教育资金分配、重大项目安排、学校办学水平考核等"挂钩"。各地各学校加强组织领导，建立健全工作推进机制，定期研判和交流，协同联动，推动每一件工作、每一项任务、每一个环节落地见效，努力开创职业教育改革发展新局面。

二、合力打造职业教育样板城市

目前，甘肃、江西、湖南、河南、贵州等将相继启动整省试点，江苏苏锡常、浙江温台、福建厦门、广东深圳、四川成都将相继启动城市试点，南北呼应、相互促进，基本形成联动节奏。

（一）因地制宜打造特色化样板

《行动计划》提出，国家、省、市三级推动，建设十个左右国家职业教育改革市域试点。支持地市政府把握功能区定位，结合实际，用改革的思路，创造性开展工作，"一地一策""一校一策"编制创新发展方案，着力破解制约职业教育改革发展的深层次矛盾和问题。在办学自主权、教师招聘、绩效工资、产教融合、管理体制、办学机制、经费保障等方面，要解放思想、大胆探索，积极主动与相关部门对接，拿出过硬措施，实现新突破。

目前，具备地方特色的样板正在不断塑形。青岛市政府为打造全国职业教育创新发展高地，建设山东省职业教育创新发展示范区，以职业教育"一体化、市场化、国际化"为抓手，推进现代职教体系横向融通、纵向贯通、校企联通，促进资源高质量整合、融合、综合，在全国率先完善具有青岛特色的现代职业教育体系，率先建立现代职业教育基本制度和标准体系，率先探索产教深度融合、校企紧密合作的新型人才培养模式，率先建立新型职业教育评价体系。苏锡常都市圈职业教育改革创新高地,是全国首个以城市群为单位的职业教育创新发展高地,服务先进制造业发展,探索形成以城市群为载体,具有中国特色、国际影响力和对外输出实力的职教模式,打造具有国际竞争力的职教新高地和样板。

(二)加强地方市场化资源整合

《行动计划》提出,要"加强市场化资源配置",实现产教深度融合,校企紧密合作,探索多种办学体制,是此次部省共建职教高地着力探索创新的重要环节。为此,要积极推动学校、企业、地方等资源要素汇聚,打造共生共荣的命运共同体,形成推动职业教育发展的强大合力。地方要坚持营造"招生、招工同步,实习、就业一体"的社会环境氛围,促进学校资源与企业资源互相转化。整合并优化职业教育资源,促进职业教育空间、资源有效集中,推动职业教育规模化、集团化、优质化发展。以项目为主要抓手,加快优质资源汇聚,形成推动合力。发挥重点项目建设引领作用,全面推进职教高地建设系统工程的整体质量提升。

职业院校要在行业发展需求下,依托企业,坚持"优势互补、互惠互利、共谋发展"的原则,以"如何使企业在合作办学中获利"为突破口,确立互惠共赢机制,保障校企合作拥有长久的生命力和可持续发展的动力。让企业技术人员走进校门,职业院校教师走出校门,实现双向任职,结成紧密的合作伙伴关系,使企业成为"校企",学校成为"企校"。确保课程设置与企业需求相协调,技能训练与岗位要求相协调,学校培养目标与企业用人标准相协调,促进成果转化,在全方位紧密合作中实现校企深度融合。

(三)发挥职业教育的服务功能

《中华人民共和国高等教育法》规定,高等教育必须贯彻国家的教育方针,为社会主义现代化建设服务,与生产、劳动相结合,使受教育者成为德智体等方面全面发展的社会主义事业建设者和接班人。其任务是培养具有创新精神和实践能力的高级专门人才，发展科学技术文化，促进社会主义现代化建设。职业教育是高等教育的重要组成部分，也必须坚持“以服务为宗旨”，为社会主义现代化建设服务。

《行动计划》要求，“在职业教育服务城市文明、服务城市创新、服务民生需求、服务绿色发展等领域重点突破、先行示范，率先建成与城市经济和民生相适应的现代职业教育体系”。职业教育“以服务为宗旨”，建成现代职业教育体系更需要坚持服务宗旨。经济社会的发展使得我国职业教育的内涵和外延也发生了变化，职业教育由原来的系统教育一统天下，转变为逐渐向多模式、多层次的职业教育发展，其服务功能也随着内涵的发展而不断拓展。为此，更要努力形成适应发展需求、产教深度融合、体系更加完善、世界一流的现代职业教育体系，确保职业教育服务经济社会发展的能力显著提升。

（四）积累职教样板的宝贵经验

《行动计划》提出，要“开创职业教育开放办学新格局，形成一批基层首创的改革经验”，为全国职业教育改革发展探索路径、积累经验。

目前已有多个试点城市在打造职教样板的道路上逐步深入。滨州市为全面贯彻落实《国家职业教育改革实施方案》《教育部 山东省人民政府关于整省推进提质培优建设职业教育创新发展高地的意见》，全面提升职业教育发展水平，提高职业教育对经济社会发展、就业和民生的贡献度，研究制定了《滨州市关于推进职业教育创新发展高地建设的实施方案》(讨论稿)。以建设渤海科创城产教融合园区、京博产教融合型企业为突破口，努力打造产教融合型城市，打造全国一流、全省领先的职业教育发展“滨州样板”。青岛正在打造国际职教城，以职业院校建设为核心、产业集群发展为引领，整合优化青岛职教资源，引进国内部分优质职业院校、国家级职业教育研究机构、行业协会、国际组织和国外教育机构,集聚人工智能、互联网装备、教育装备产业项目,重点打造新一代信息技术、商贸物流、交通、装备制造等专业集群,建设大型公共实训基地,努力打造成“产教联动、教城融合、产城合一”的新城。

三、共享创新发展高地建设成果

目前,教育部在与山东、江西、甘肃共建省级职业教育创新发展高地建设中建立了部省协调推进机制,共建共享的改革成果初显。江西在高地建设文件中明确要求各市县政府和省级部门协同落实职业院校教师绩效工资改革制度,提出院校通过校企合作、技术服务、社会培训、自办企业等项目所得扣除必要成本外的净收入可提取60%用于劳动报酬,教师根据相关规定取得的科技成果转让费计入当年本单位绩效工资总量但不受总量控制、不作为调控基数等;山东也提出公办职业院校绩效工资水平最高可达到所在行政区域事业单位绩效工资基准线的5倍,学校对外开展技术开发、技术转让、技术咨询、技术服务取得的收入结余可提取50%以上用于教师劳动报酬且不纳入单位绩效工资总量管理等,体现了教育部和地方政府在共建共治中努力使改革成果重新成为职业教育提质培优正向激励机制和扩大治理效能的重要理念。

高等职业教育在其40年的发展历程中开辟出一条独特道路,即党的领导统领发展方向、立德树人确立发展根本、双重属性奠定发展格局、深化改革形成发展动力、对外开放拓宽发展思路、多元办学助力发展繁荣、产教融合夯实发展基础、创新探索锻造发展特色、体系建设延伸发展链条、项目引领打造发展先锋,为新时代推进高等职业教育高质量发展奠定了坚实基础。展望新时代,实施职业教育创新发展高地建设行动,落实《行动计划》中的各项内容,进一步贯彻落实《实施方案》,办新时代有质量、类型特色突出的职业教育,努力实现职业教育现代化,势在必行。

参考文献

[1] 周建松,陈正江.中国特色高等职业教育发展道路:演进、内涵与经验[J].中国职业技术教育,2020(30):73-77.

[2] 周建松,陈正江.贯彻落实《实施方案》 着力推进高职教育类型特色建设[J].职教论坛,2019(7):73-78.

[3] 潘海生,裴旭东.职业教育产教融合服务组织:动力、内涵与功能优化[J].职业技术教育,2019(27):22-26.

[4] 中华人民共和国教育部.教育部等九部门关于印发《职业教育提质培优行动计划(2020—2023年)》的通知[EB/OL].(2020-09-29).http://www.gov.cn/zhengce/zhengceku/2020-09/29/content_5548106.htm.

[5] 中华人民共和国中央人民政府.教育部相关负责人就《职业教育提质培优行动计划(2020—2023年)》答问[EB/OL].(2020-09-29).http://www.gov.cn/zhengce/2020-09/29/content_5548114.htm.

[6] 王海燕.建设创新高地,驱动职业教育高质量发展[EB/OL].(2020-11-10).http://www.jyb.cn/rmtzgjyb/202011/t20201110_372137.html.

[7] 快资讯.青岛全力打造职业教育创新发展高地[EB/OL].(2020-10-18).https://www.360kuai.com/pc/999acbffd09c057b8?cota=4&kuai_so=1&tj_url=so_rec&sign=360_57c3bbd1&refer_scene=so_1.

[8] 滨州市人民政府.《滨州市人民政府关于推进职业教育创新发展高地建设的实施方案》解读[EB/OL].(2020-07-13).http://www.binzhou.gov.cn/zwgk/news/detail?code={20200713-1535-4929-6474-005056BB2F8A}.